Inhaltsverzeichnis

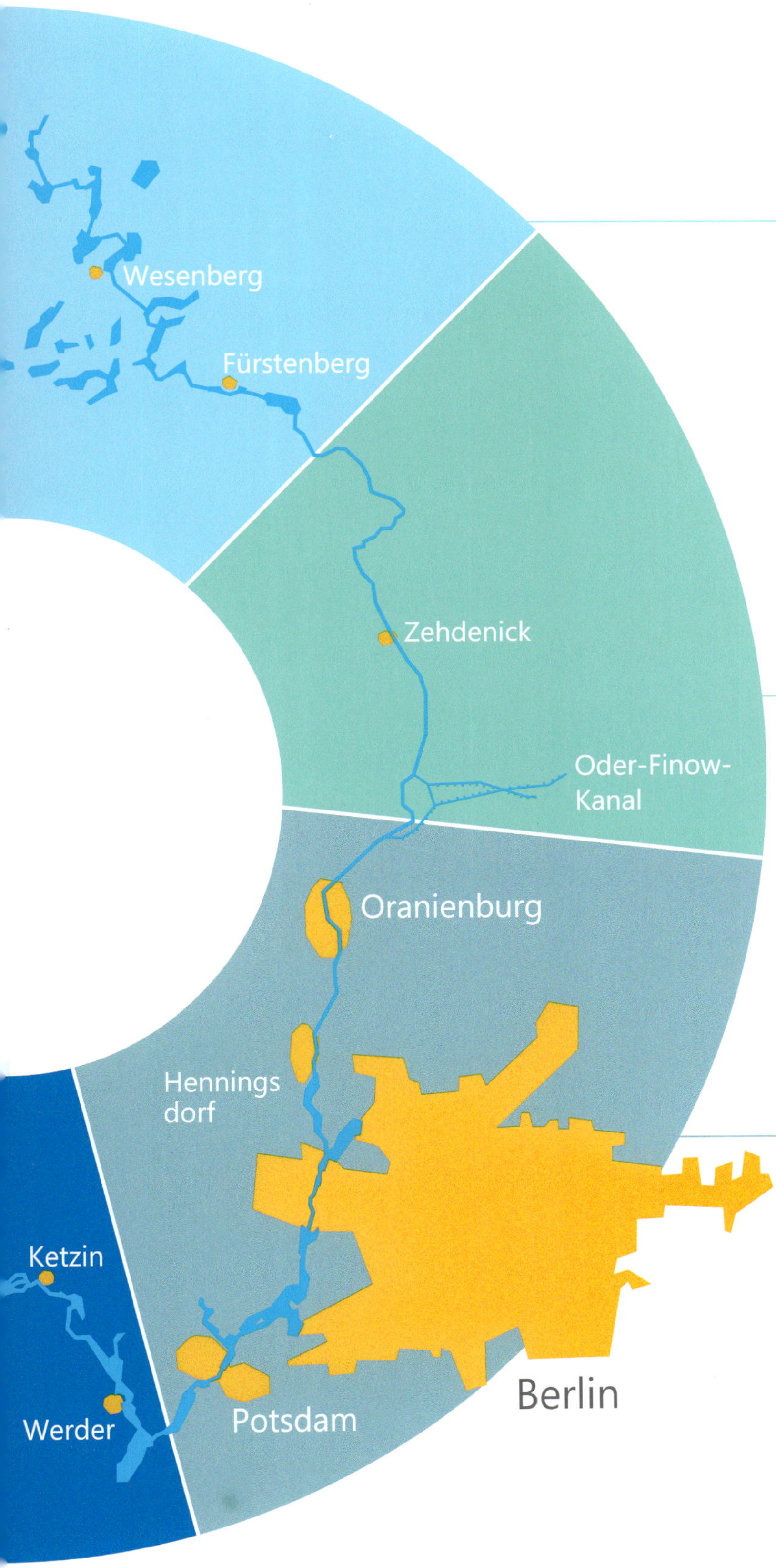
Wesenberg
Fürstenberg
Zehdenick
Oder-Finow-
Kanal
Oranienburg
Hennings
dorf
Ketzin
Werder
Potsdam
Berlin

Grüß Gott dich, Heimat! Nach langem Säumen
in deinem Schatten wieder zu träumen
erfüllt in dieser Maienlust
eine tiefe Sehnsucht mir die Brust.
Ade nun, Bilder der letzten Jahre
ihr Ufer des Somme, der Seine, Loire,
nach Kriegs und fremder Wässer Lauf
nimm heimische Havel, mich wieder auf.

Es spiegeln sich in deinem Strome
Wahrzeichen, Burgen, Schlösser, Dome;
Der Julius-Turm, den Märchen und Sagen
bis Römerzeiten rückwärts tragen,
das Schildhorn, wo, bezwungen im Streite,
Fürst Jaczko dem Christengott sich weihte,
der Harlunger Berg, der an oberster Stelle
weitschauend trug unsre erste Kapelle,
das Plauer Schloss, wo fröstelnd am Morgen,
Hans Quitzow steckte, im Röhricht verborgen,
die Pfaueninsel, in ihrem Dunkel
Rubinglas glühte Johannes Kunckel,
Schloss Babelsberg und „Schlösschen Tegel"
Nymphäen, Schwäne, blinkende Segel -
Ob rote Ziegel, ob steinernes Grau,
du verklärst es, Havel, in deinem Blau.
Und schönest du alles, was alte Zeiten
und neue an deinem Bande reihten,
wie schön erst, was fürsorglich längst
mit liebendem Arme du umfängst
Jetzt Wasser, drauf Elsenbüsche schwanken
Lücher, Brücher, Horste, Lanken.
Nun kommt die Sonne, nun kommt der Mai
mit der Wasserherrschaft ist es vorbei.
Wo Sumpf und Lache jüngst gebrodelt
ist alles in Teppich umgemodelt
ein Riesenteppich, blumengeziert
viele Meilen im Geviert.
....
Und an dieses Teppichs blühendem Saum
all die lachenden Dörfer, ich zähle sie kaum.
....
Und Gruß dir, wo die Wiege stand,
geliebte Heimat, Havelland.

*Schildhorn und Fürst Jaczko*_Letzter Slawenfürst, flüchtete nach einer Schlacht an dieser Stelle durch die Havel und als dankte dem Christengott für seine Rettung mit Bekehrung | *Harlunger Berg*_Jetzt Marienberg in der Stadt Brandenburg, auf dem die erste christliche Kapelle Brandenburgs errichtet wurde (siehe S. 156/157) | *Nymphäen*_Seerosen | *Elsenbüsche*_Erlen | Lüche und Brüche_Feuchtgebiete, Sumpflandschaften | Horst_Landinsel im Feuchtgebiet | *Lanke*_Länglicher See oder Havelbucht

Die besondere Faszination der Havel

Keiner der beiden Autoren dieses Buches ahnte bei seinem ersten Havelbesuch etwas von der Faszination, die dieser Fluss bald auf ihn ausüben würde. Dem Fotografen und Piloten Peter Schubert offenbarte sich die Havel in unzähligen Flugstunden über dem Flußverlauf und seinen angrenzenden Landschaften sowie bei ausgedehnten Motorboot- und Paddeltouren. Dem passionierten Wanderer Manfred Reschke erschloss sich der Reiz des Flusses in Fußwanderungen oder Radtouren, die ihn in Ufernähe, in der Weite der Wiesen und Felder, den Waldeinsamkeiten oder den beschaulichen Dörfern und attraktiven Städten vom Ursprungsgebiet bis hin zur Mündung führten.

Die gemeinsame Begeisterung für das Havelgebiet bildete die Basis für eine fruchtbare Zusammenarbeit, die mit dem vorliegenden Bildband ein imposantes Ergebnis gefunden hat. Entstanden ist ein Werk, das dem Betrachter mit den eindrucksvollen Luftaufnahmen Peter Schuberts die Schönheit und Vielseitigkeit des Havelverlaufes nachhaltig vor Augen führt. Die unterhaltsamen Texte Manfred Reschkes bilden die informative Begleitung auf dieser Bilderreise.

Die Anziehungskraft der Havel ist aber weder neu noch ungewöhnlich. Bereits vor über 140 Jahren, im Jahr 1873, überlieferte der Dichter und Schriftsteller Theodor Fontane seine persönliche Begeisterung von der Havel im Band „Havelland“ seiner „Wanderungen durch die Mark Brandenburg“ der Nachwelt. Für ihn war die Havel damals einer der „Kulturströme Europas“, ein „Flachlandsneckar mit erlebbarer Romantik“, der gleichzeitig aber einige Besonderheiten aufweist, die ihn zu einem Unikum machen.

Diese Besonderheiten zeigen sich am deutlichsten in den vieldiskutierten Fragen nach dem genauen Ursprung, dem konkreten Verlauf und der exakten Länge der Havel. Seit Jahrhunderten wird die Quelle der Havel gesucht, aber eine echte Quelle gab es noch nie - die Havel begann schon immer als Abfluss aus Seen und Sümpfen. Und seit unbestimmbar langer Zeit veränderten nicht mehr nachvollziehbare menschliche Eingriffe durch künstlich geschaffene Wasserverbindungen den Verlauf der Fließgewässer und damit auch das Quellgebiet der Havel. Eine aktuelle Untersuchung der Quellenfrage geht heute davon aus, dass man ein südlich von Ankershagen gelegenes Sumpfgebiet als nördlichstes natürliches Quellgebiet identifizieren kann, aus dem kontinuierlich Wasser abfließt und den Havelursprung bildet. Die Havel beginnt also als ein Abfluss aus Sümpfen und Seen und setzt sich in dieser Weise fort, bis sie nach dem Verlassen der Mecklenburgischen Seenplatte Wasser von über hundert Seen der Region aufgenommen hat und ab dem Stolpsee endlich einen respektablen Fluss bildet.

Zu den Auffälligkeiten des Havelursprungs zählt auch, dass an definierter Stelle ein kräftig sprudelnder Bach in Richtung Oder und Ostsee fließt, während sich daneben ein kleines Rinnsal – entgegen üblicher Flussverläufe - landeinwärts in Richtung Süden zur Havel entwickelt und nach diversen Richtungsänderungen und einem weiten Bogen von etwa 340 Kilometern nur ca. 90 km von ihrem Ursprung entfernt in die Elbe mündet. Außerdem existiert etwa 12 km südlich eine zweite Havelquelle, an der ein schon immer als Havelbach bezeichnetes Gewässer mehrere Seen und Sumpfgebiete entwässert und sich später mit dem längeren Havelverlauf verbindet.

Die Längenangabe der Havel schwankt zwischen 283 km und 365 km. Dieser Unterschied ergibt sich aus dem Missverständnis zwischen der Havel als Wasserstraße und der Havel als natürlichem Flussverlauf sowie den nicht exakt messbaren Flussverlauf durch Seen und viele Verzweigungen, Kurven und Abkürzungen. Die Luftbilder zeigen es sehr deutlich, dass die Havel als schiffbare Wasserstraße im Zierker See bei Neustrelitz (weitab von der Havel) beginnt, dann streckenweise parallel zum natürlichen Fluss geführt wird und diesen ab Potsdam sowie im Mündungsgebiet durch Kanäle abkürzt. Insofern bezieht sich die Längenangabe von 283 km auf die Hauptstrecke der Wasserstraßen. Als Flusslänge kann jede Angabe zwischen 330 km und 345 km als korrekt angesehen werden.

Charakteristisch ist weiterhin, dass der gesamte Flussverlauf nur ein Gefälle von etwa 40 Höhenmetern aufweist, was dazu führt, dass die Havel zahlreiche Seen bildet. Diese über 50 miteinander verbundenen Seen stellen ein weltweit seltenes und in Europa einmaliges Wasser-Erlebnisgebiet dar. Überraschenderweise gibt es darunter keinen See mit dem Namen Havelsee, obwohl dies die gleichnamige Gemeinde vermuten lässt.

Die üblichen Gepflogenheiten ignoriert die Havel auch beim Namensrecht: So ist der größte der neun Nebenflüsse der Havel, die Spree, an der Mündung in Berlin-Spandau zwar länger und führt mehr Wasser, hat sich aber gegenüber der Havel nicht als namensgebend durchgesetzt. Kurioserweise werden auch die Kilometerangaben der schiffbaren Strecke ab dieser Stelle sowohl flussaufwärts als auch flussabwärts angegeben.

Die für Anwohner und Nutzer wohl wichtigste Besonderheit der Havel ist die Verlässlichkeit des Flusses, mit seiner geringen Fließgeschwindigkeit, ohne reißende Strömungen oder gefährliche Flussabschnitte und vor allem ohne Hochwasser. Deiche sind nur am Unterlauf erforderlich, denn wenn die Elbe Hochwasser führt, strömt dieses viele Kilometer rückwärts in die Havelniederungen hinein, was in früheren Zeiten Hochwasserkatastrophen auslöste. Inzwischen wird die abfließende Havel bei Elbehochwasser durch Schleusen und Wehre reguliert und kann sich vom Oberlauf bis zur Mündung in Überschwemmungsgebieten gezielt ausbreiten.

Die Havel kann weitgehend noch immer fließen, wie sie will. Das verschafft ein Gefühl von Romantik und für uns die Möglichkeit zu intensiven Erlebnissen jeder Art am, im und auf dem Wasser. Mehr als 330 Kilometer lang ist die Strecke, die dafür genutzt werden kann, vom Wassersport über Segeln bis zu Fahrten mit Motorbooten aller Binnenlandklassen. Auch für das ungefährliche Baden und beschauliche Angelvergnügen bietet die Havel viele geeignete Stellen. Hinzu kommt die einzigartige Verbindung und gegenseitige Durchdringung der Gewässer zu einer ganzen Seenlandschaft, die in Ergänzung mit den historischen und modernen Städten, den idyllischen Dörfern, den naturbelassenenen oder gestalteten Ufern mit attraktiven Bauwerken, erholsamen Parkanlagen und Promenaden in der Summe die Faszination der Havel ausmachen.

Schleuse Zaaren, nördlich von Zehdenick mit höhenverstellbarem Wehr und Schiffsschleusenkammer

Folgen Sie also Peter Schubert und Manfred Reschke zu Fuss, per Rad, zu Wasser und in der Luft und erleben Sie hautnah die Faszination der Havel von der Quelle bis zu ihrer Mündung. Die verschiedenen Landschaftstypologien, die die Havel auf ihrem Weg umrahmen und prägen, bilden dabei die natürliche Grundlage für die Gliederung des vorliegenden Bildbandes. Die Autoren hoffen, dass ihre Begeisterung für die Havellandschaften jeden, der dieses Buch in die Hand nimmt, in ihren Bann zieht und verzaubert. Und vielleicht nistet sich bei dem einen oder anderen die Sehnsucht nach dem eigenen Erfahren der Havel-Faszination ein …

Die Geschichte der Havelregion

Zu Beginn der dokumentierten Geschichte vor etwa 1000 Jahren lebten slawische Volksstämme östlich der Elbe. Der Einfluss kirchlicher Obrigkeiten und weltlicher Herrscher von Westen und die daraus folgende Ausweitung des deutschen Herrschaftsgebietes bis zur Oder und darüber hinaus erfolgte im Gebiet Mecklenburgs und Brandenburg-Preußens etwa gleichzeitig aber unabhängig voneinander. Politisch begann in Mecklenburg im 12. Jahrhundert die deutsche Geschichte mit dem sächsisch-stämmigen Heinrich dem Löwen und in Brandenburg mit einem Adligen vom Geschlecht der Askanier, Albrecht dem Bären, die sich aus der Region um Aschersleben (daher der Name) ebenfalls im 12. Jahrhundert nach Osten ausbreiteten. Die anfänglichen Herrschaftserfolge beider währten jedoch nicht lange. Erst einige Kriege klärten im Laufe der Zeit die endgültige politische Zugehörigkeit. Die etwa gleichzeitig beginnende Kultivierung durch kirchliche Orden und nachfolgende Besiedlung durch Einwanderer aus westlichen Gebieten festigten kontinuierlich die Zugehörigkeit zum Deutschen Reich.

Die politischen Fortsetzungen in Mecklenburg waren in der Folgezeit oft recht verwirrend: Herrschende Slawenfürsten bekannten sich zum Christentum, ordneten sich der neuen Herrschaft unter und regierten regional weiter, begründete damit später das Herzogtum Mecklenburg, das sich durch Erbfolge im Laufe mehrerer Generationen in drei noch kleinere Herzogtümer Mecklenburg-Schwerin, Mecklenburg-Strelitz und Mecklenburg-Güstrow aufteilte, wenig Expansionsbestrebungen zeigte, jedoch zeitweise - zum Beispiel durch Wallenstein - unter schwedische Herrschaft kam, durch Kriege auch temporär zu Dänemark gehörte, letztlich aber als eigenständiges Herzogtum im Verbund deutscher Staaten bis 1918 als Zwerg neben dem Giganten Brandenburg-Preußen Bestand hatte. Ein Charakteristikum des Landes waren damals starke Ritter- und sog. Landschaften, wie die Städte- und Dorfbünde damals genannt wurden. Die Macht im Lande war geteilt, der Herzog kein unumschränkter Alleinherrscher.

Völlig anders entwickelte sich Brandenburg-Preußen. Nach Erlöschen des Geschlechtes der Askanier kam es an die Wittelsbacher, dann zu Luxemburg. Beide Male Herrscher, die wenig Interesse an diesem weit entfernten oder unübersichtlichen Land zeigten. Es entwickelten sich auch hier starke Städte und (Raub-)Rittertum in ländlichen Gebieten, bis im Jahre 1411/15 mit der Machtübernahme des ersten Hohenzollern aus Schwaben die fast 500 Jahre währende Geschichte dieses Herrscherhauses begründet wurde.

Im Gegensatz zu Mecklenburg war hier von Anfang an die energische Regierungsgewalt der Herrscher dominant. Städte, Landbevölkerung und das Rittertum erfuhren Zwang und - wenn es erforderlich schien

– auch militärischen Druck des Herrschers. Raubrittertum gab es bald nicht mehr. Nach einer Revolte der Berliner verlegten die Hohenzollern ihren Regierungssitz mitten in die aufmüpfige Stadt hinein und blieben dort. Diese Charakteristik beider Regionen blieb über die Jahrhunderte gleich: Machtteilung mit einigem Durcheinander und gegenseitigem Hemmen von Fortschritt aber ohne Gelüste auf eigene Kriegsführung oder Expansionen in Mecklenburg - eine konsequente Diktatur in Brandenburg-Preußen mit ihren positiven und negativen Folgen.

1417 begann Brandenburg seine Geschichte als Kurfürstentum, entwickelte sich zum Königreich Preußen und beherrschte schließlich das gesamte Kaiserreich. Während der Herrschaft der Hohenzollern dehnte sich Brandenburg-Preußen zeitweise weit nach Osten, nach Westen und nach Süden aus, vereinnahmte vorübergehend Teile von Polen und stahl mit kriegerischen Mitteln und unter Verursachung von millionenfachem Leid seinem Nachbarn Österreich das gesamte Schlesien. Während dieser expansiven Phase gab es bemerkenswerter Weise keine Bestrebungen, das kleine Herzogtum Mecklenburg beherrschen oder vereinnahmen zu wollen, welches seinerseits keine besonderen Ambitionen im Hinblick auf die große Weltgeschichte zeigte. So ergaben sich eine Vielzahl von Grenzverschiebungen zwischen Brandenburg-Preußen und seinen Nachbarn - die Grenze zu Mecklenburg blieb jedoch während dieser 500 Jahre bis zum Ende des Kaiserreiches 1918 nahezu unverändert. Nach dem Ende des Kaiserreiches und der Herzogtümer wurden mit gleicher Grenze die Provinzen Mecklenburg und Brandenburg festgelegt und wenige Jahre später, im Jahre 1920, die Stadt Berlin erweitert. Seitdem fließt die Havel nicht mehr an Berlin vorbei, sondern durch Berlin hindurch. Die DDR veränderte die Provinzstruktur in Regierungsbezirke, die historische Grenzen nicht berücksichtigten. Mit der Bildung von Bundesländern wurden den historischen Grenzen dahingehend Tribut gezollt, dass Grenzregionen ihre Zugehörigkeiten wählen konnten.

Als ein bedeutender Ort hat im Oberlauf die Stadt Fürstenberg „die Seiten gewechselt". Zur Zeit der Askanier als vorderste Burg entstanden, gehörte Fürstenberg bereits vor dem Herrschaftsantritt der Hohenzollern zu Mecklenburg. Dort blieb es, solange das Herzogtum bestand und gehörte danach zur Provinz Mecklenburg bis die DDR im Jahre 1950 das Land in Bezirke aufteilte. Dabei wurde Fürstenberg dem Bezirk Potsdam zugeordnet und hat sich nun dem Bundesland Brandenburg angeschlossen. Umgekehrt verhielt sich Havelberg in der Nähe der Mündung der Havel - eine historisch mit Brandenburg verbundene Stadt, die sich dem Bundesland Sachsen-Anhalt angeschlossen hat.

Aktuell fliest die Havel durch die Bundesländer Mecklenburg-Vorpommern, Brandenburg, Berlin und Sachsen-Anhalt. Aber der Lauf der Geschichte berührt den Lauf der Havel nur wenig. Auch wenn die Räume, die sie durchfliest, ihre Grenzen, Namen und Besitzer wechseln, bleibt sie unbeeindruckt von politischen und gesellschaftlichen Veränderungen.

Die Mecklenburgische Seenplatte

Die Havel beginnt in dem Gebiet, das als Mecklenburgische Seenplatte bekannt ist. Offenbar wurde ihr Ursprung aber nicht zu allen Zeiten an der gleichen Stelle verortet. So benennt eine Urkunde aus dem 8. Jahrhundert den jetzigen Ursprungsort als Havelquelle, während die Landkarte eines anerkannten Kartografen aus dem 17. Jahrhundert den Havelursprung an ganz anderer Stelle verzeichnet. Zurückzuführen ist das nicht auf die grundsätzlichen Formungen der Landschaft durch die letzte Eiszeit, sondern auf menschliches Handeln seit Beginn der Besiedlung. Seitdem wurden immer wieder Seenverbindungen künstlich geschaffen und verändert, so dass ein natürlicher Havelursprung heute nicht mehr zweifelsfrei feststellbar ist. Feststellbar ist allerdings, dass sich der Havelverlauf besonders in diesem ersten Abschnitt weder zu früheren Zeiten noch heute an die politischen Grenzen oder Bedingungen gebunden sah.

So bleibt die attraktive Wald- und Seenregion nicht auf Mecklenburg begrenzt, sondern reicht bis weit in das Land Brandenburg hinein, verzweigt sich einerseits südlich über Rheinsberg, Neuruppin und Fürstenberg hinaus, andererseits östlich bis Prenzlau und zur südöstlich gelegenen Schorfheide mit romantischen Seen darin - ein Gebiet dass diverse Herrscher des vorigen Jahrhunderts besonders liebten: Der Stechlin, immer schon ein Juwel Brandenburgs und in seiner Schönheit unübertroffen, der Werbellinsee im Brandenburger Land zu recht ebenso berühmt, Rheinsberg mit seinen Seen als bevorzugtes Refugium Adliger und Könige Preußens. Auch die gegenwärtige Bundesregierung hat das Gästehaus für prominente Auslandsgäste im Schloss Meseberg an einem See dieser Region.

Der Begriff „Seen-Platte" ist kennzeichnend für diese flache Landschaftsformation. Wie eine umgekippte Kaffeetasse den Inhalt auf der Tischplatte in alle Richtungen fließen läßt, verteilt sich auch hier das Wasser: Nach Süden fließen Havel, Rhin und Dosse und westlich in Richtung Elbe sind es die Stapenitz, Elde, Rögnitz, Sude und Schilde. Nördlich in Richtung Ostsee fließen Warnow, Recknitz, Trebel, Peene, Tollense, Uecker und Randow und östlich zur Oder das Flüsschen Welse. Und wie die Rinnsale der Pfütze auf der Tischplatte ist auch die gesamte Gewässerlandschaft durch natürliche Bäche und künstlich angelegte Kanäle miteinander zu einem großen Gewässergebilde verflochten.

Die Havel beginnt also ihre Reise bei Ankershagen inmitten des Müritz Nationalparks und gestaltet dieses Seengebiet in besonderer Weise mit, indem sie sich kurvenreich von einem See zum nächsten durch die Landschaft schlängelt. Nach Erreichen des Landes Brandenburg durchfließt die Havel ähnlich beeindruckend den Naturpark Stechlin-Ruppiner Land und den Naturpark Uckermärkische Seen. Dabei ist der Weg der Havel gesäumt von kristallklaren Seen, einer vielseitigen Tier- und Pflanzenwelt, attraktiven Waldgebieten unterschiedlicher Art, freien anmutigen Landflächen, idyllischen Dörfern und Orten mit Geschichte und Kultur. Dass Gaststätten, Hotels, Campingplätze mit Caravaning-Stellplätzen, Kanustationen und Motorboothäfen überall Urlaubsglück verheißen, der Havelradweg ab Waren an der Müritz die Region erschließt, auf vielen markierten Wanderwegen Natur in Ruhe zu genießen ist und die Seen familienfreundliche Badeplätze bieten, erfreut heute Gäste aller Art. Eine besondere Erholungsqualität ist dabei dem Umstand zu verdanken, dass die weiträumige, geschützte Naturlandschaft kein zusammenhängendes Tourismusgebiet bildet.

Die Havel verlässt Mecklenburg in der Nähe von Fürstenberg und fließt ab da auf Brandenburger Gebiet. Unabhängig von allen Gebietsveränderungen in Deutschland blieb das in den letzten 1000 Jahren fast unverändert - mit dem kleinen Unterschied, dass sie früher unmittelbar vor Fürstenberg, dann wenige Kilometer hinter der Stadt und nun wieder davor die Grenze übertritt. Nach Verlassen des Stolpsees südlich von Fürstenberg ändert sich dann die Havellandschaft gravierend und der Bereich der Oberhavel beginnt.

Trinnensee
Mühlensee
Wittsee

Das Quellgebiet der Havel

Auf Karten ist das Quellgebiet westlich der Müritz, in der Nähe von Ankershagen (im oberen Bildbereich) eingezeichnet.

Das Wasser aus dem Trinnensee fließt in den Mühlensee und von diesem als Havel nach rechts in den Wittsee und damit weiter zur Elbe und Nordsee. Oberhalb dieses Sees fließt der Mühlenbach durch das Waldgebiet und entlang des Baumstreifens in Richtung Ankershagen und somit zur Oder und zur Ostsee.

Das Quellgebiet der Havel bei Ankershagen

Blickrichtung Nord: Einige Häuser von Ankershagen schimmern am oberen rechten Rand in das Bild hinein. Diese Perspektive zeigt die typische mecklenburgische Seenlandschaft, ein Gemisch aus Wäldern freien Flächen und Seen.

Unterhalb des Mühlensees deutet sich der Graben an, der als Havel durch weitere Seen in Richtung Süden fließt.

Mühlensee

Die junge Havel fließt hier aus dem Dambecker See und dem Röthsee in Richtung Kratzeburg.

Die Wasserzunahmen der Havel ergeben sich fast nirgends aus sichtbaren Quellen.

Der Grundwasserspiegel liegt teilweise nur wenige Meter unter Geländeniveau, der Grund der Seen aber tiefer. Das Oberflächenregenwasser versickert im Boden und reichert das Grundwasser an, das entweder in kleinen Rinnsalen sichtbar an den sumpfigen Seehängen oder unterhalb der Wasseroberfläche unsichtbar in die Gewässer strömt. So erhält die Havel ihr Wasser zu großen Teilen nicht aus Nebenflüssen, sondern aus Entwässerungsgräben, Sumpfgebieten und Seenabflüssen insbesondere im Oberlauf.

Ab dem Ausgang des Käbelicksees bei Kratzeburg wurde mit bearbeiteten Wasserwegen die Möglichkeit für den Kanuverkehr geschaffen.

Der Müritz-Nationalpark

Ein Teil der Mecklenburgischen Seenplatte wurde im Jahre 1990 zum Nationalpark erklärt. Schon die DDR-Regierung stellte das Waldgebiet unter sogenannten „produktionsintegrierenden Naturschutz“, bei dem das dünn besiedelte Land für militärische Übungen, Karpfenzuchten und Staatsjagden sowie eine intensive Forst- und Landwirtschaft genutzt wurde und ansonsten der Öffentlichkeit nicht zugänglich war. Aus dieser Nutzung - in Verbindung mit einer künstlichen Entwässerung und Senkung des Grundwasserspiegels - entstanden monotone Kiefernforste und ausgedehnte Birkenwälder.

Inzwischen haben diverse Renaturierungsmaßnahmen angeschlagen und die Naturschäden beseitigt sowie eine vielfältige, naturraumtypische Flora und Fauna entstehen lassen. Über 300 Quadratkilometer umfasst der Nationalpark, den die Havel in ihrem Verlauf bis nach Wesenberg mitgestaltet.

Die Bilder aus der Luft zeigen, dass die Wälder die besondere Biodiversität gut schützen und verstecken: Die Moore und Sümpfe sind ebensowenig sichtbar, wie die über 200 Vogelarten, 54 Säugetierarten, 859 Käfer-, 673 Großschmetterlings-, 61 Spinnen-, 16 Reptilien- und Amphibien- sowie 26 Fischarten, die hier leben. Die Flora zählt über 1.000 Pflanzenarten, zu denen noch knapp 600 Pilze und 150 Flechten hinzukommen. Nur die eindrucksvollen Laubwälder sind aus der Höhe zu erkennen. Doch auch die dort lebenden Majestäten der Lüfte, die See- und Fischadler, verstecken sich, wenn der noch größere Vogel, das Flugzeug, ihre Kreise stört.

Die Havel durchfließt den Zotzensee und setzt ihren Weg nach Süden fort, ungeachtet der nahegelegenen Müritz, Deutschlands größtem Binnensee (im Bildhintergrund).

Woblitzsee
Klein Quassow
Labussee

Die Havel als Wasserstraße südlich Wesenberg

Am oberen Bildrand die Stadt Wesenberg. Von dort aus führt die künstlich angelegte Wasserstraße zum Drewensee. Sie gilt als Havelverlauf und wird als Obere Havelwasserstraße auch von motorisiertem Bootsverkehr genutzt. Zusätzlich ist am Beginn der kanalisierten Strecke unterhalb des Stadtrandes Wesenbergs nach links ein geschwungenes Band von Gehölzen erkennbar. Dieses kennzeichnet den Verlauf der Schwaanhavel, also den älteren natürlichen Abfluss der Havel. Kurios dabei ist, dass sich der weitere Verlauf dieser Schwaanhavel durch den Plätlinsee fortsetzt und später mit anderen Wasserwegen eine Wasserverbindung zum Rhin als auch eine Wasserverbindung zur Havel herstellt.

Am Pälitzsee

Wangnitzsee und Priepertsee

Die Havel kommt von rechts und fließt nach oben links weiter.

Wangnitzsee
Priepertsee
Priepert

Eindrucksvoll zeigt sich hier, wie die Havel die Seen miteinander zu einer Kette verbindet. Sie erreicht vom Wangnitzsee über den Priepertsee kommend den Ellbogensee und fließt nach rechts aus dem Bild.

Klein Menow und der Menowsee.
Hier verlässt die Havel Mecklenburg-Vorpommern und fließt ins Bundesland Brandenburg.

Röblinsee
Schwedtsee

Fürsten-berg

Der Name der Stadt wurde überraschenderweise weder von Fürsten noch von einem Berg abgeleitet. Von den Askaniern wurde im Zuge der Landnahme im 13. Jahrhundert eine sog. vorderste Burg errichtet, gemäß damaliger Sprache eine *vörste burg*, daraus wurde im Lauf der Zeit erst Vorstenburg, dann Vorsteberg und nun Fürstenberg.

Der malerisch auf drei Inseln zwischen Röblinsee, Baalensee und Schwedtsee gelegene Ort führt seit 2013 die Bezeichnung „Wasserstadt". Ob Segeln, Baden, Wandern, Wasserwandern mit dem Kanu oder auch dem führerscheinfreien Charterboot, mit einem Floß oder historischen Kaffenkahn oder der Fahrraddraisine - in Fürstenberg ist alles möglich.

Am Ufer der Havel am Stadtrand gab es ein Industriewerk mit Bahnanschluss auf der gegenüberliegenden Uferseite. Um Waggons in das Werk zu fahren, baute man keine Brücke, sondern zog die Eisenbahnwaggons auf einer Plattform mittels einer Seilvorrichtung über die Havel. Bis etwa 1990 war das System in Betrieb und ist heute ein technisches Denkmal. Dabei soll die Arretierung des Waggons auf der Plattform manchmal so nachlässig gewesen sein, dass der Waggon während der Überfahrt in die Havel rollte. Einheimische bezeichneten das als den „Fürstenberger Wasserfall".

Die Altstadt mit Kirche und Marktplatz

Um Fürstenberg herum befindet sich Deutschlands größtes zusammenhängendes Waldgebiet und in weitem Umkreis weder nennenswerte Besiedlung noch Verkehrsadern größeren Ausmaßes.

Der Stolpsee südlich von Fürstenberg - Wasserparadies für den Bootstourismus.

Die Havel verlässt nach rechts den Stolpsee und damit die Seenplatte.

Aber auch dieser Ort liegt an der Havel – Ravensbrück.

Ein Name, der für das dunkelste Kapitel deutscher Geschichte steht. In der Zeit von 1939 bis 1945 existierte hier das größte Frauenkonzentrationslager der Nazis. Heute ist es eine bedrückende Mahn- und Gedenk- sowie Jugendbildungsstätte.

Insgesamt waren etwa 140.000 Frauen und Kinder und 20.000 Männer aus 40 Nationen und Volksgruppen im KZ Ravensbrück interniert. Man geht davon aus, dass 28.000 Häftlinge in Ravensbrück systematisch ermordet wurden.

Die Oberhavel

Nach Verlassen des Stolpsees südlich von Fürstenberg bereichert die Havel eine völlig andere Landschaftsformation in lieblich romantischer Weise. Sie wird konsequent zum Fluss und lässt die Seenlandschaft weit hinter sich. Bei Bredereiche könnte man denken, dass sie mit einer scharfen Richtungsänderung nach Osten nun doch der Oder zustreben würde, doch sie sucht nur die intime Einsamkeit der Wälder des Naturschutzgebietes Kleine Schorfheide, einem Teil des Naturparks Uckermärkische Seen. Auf fast 20 Kilometern bietet sie dort dem Kanu- und Motorbootverkehr eine kurvenreiche Strecke durch die Stille der Wälder. An den Ufern gibt es weder Straßen, noch Forst- oder Wanderwege und bis zum Dörfchen Burgwall auch keine Siedlung. Unterwegs münden einige Zuflüsse abseits gelegener Seen in die Havel, so dass sie sich bei ihrem Auftauchen aus diesem einsamen Landstrich zu einem respektablen Fluss entwickelt hat.

Die Reise der Havel geht vorbei an den ehemaligen Tongruben bei Mildenberg, einst Zentrum der Ziegelherstellung. Ein Museum zeugt davon und die Hafenanlage, von der aus die Ziegel verschifft wurden, gibt es auch noch. Diese renaturierte Wasserlandschaft erstreckt sich bis nach Zehdenick und bietet Wanderern und Radfahrern optimale Bedingungen. Zehdenick war früher sogar ein Zentrum der gewerblichen Havel–Frachtschifffahrt, in Blütezeiten hatten hier bis zu 300 Frachtschiffe ihren Heimathafen und gab es bis zu 500 Schiffer. Bereits seit dem späten Mittelalter gab es wenige Kilometer südlich bei Liebenwalde eine Kanalverbindung zur Oder, die ständig erweitert wurde und mit einem neuen Schiffshebewerk auch heute noch die Verbindung zwischen Elbe, Havel und Oder für die Frachtschifffahrt sicherstellt. Dadurch liegt Zehdenick im weiten Kanal- und Flusssystem zwischen Elbe und Oder im Zentrum dieser Wasserstraßen, wie die Spinne im Netz. Die Schiffer Zehdenicks waren bis zum Hafen Stettin und die Oder hinauf bis in das Kohlerevier Oberschlesiens unterwegs, gleichzeitig über Berlin hinaus zur Elbe nach Hamburg. Auch gegenwärtig ist Zehdenick eine attraktive Hafenstadt, mit einer Werft für Motoryachten und einer Marina für den internationalen Freizeitbootsverkehr. Zehdenick hat eine Vergangenheit als wichtiger Standort des Zisterzienserordens mit einem Kloster aufzuweisen und ist mit der Gegenwart und Zukunft des Wassertourismus auf der Höhe der Zeit, während wenige Kilometer weiter Liebenwalde mit seiner Vergangenheit als wichtiger Vorposten der Askanier weder die vorhandenen Reste der Burg pflegt, noch die Lage an der Wasserstraße zum eigenen Vorteil nutzt.

Kurios ist der Name der Havelfortsetzung südlich Zehdenicks, die „schnelle Havel". Das war sie einmal, denn für die Schifffahrt wurde Zehdenick mit dem Vosskanal und dem Malzerkanal an das Kanalsystem zur Oder angeschlossen und bildet so bis Oranienburg eine wasserreiche Schifffahrtsstraße. Daneben wird die eigentliche „Originalhavel" wieder ein gemächlich fließender, unbefahrbarer Schwächling, der auf eigenem Wege kurvenreich durch die Landschaft plätschert.

Die Havel verläßt den Stolpsee und passiert den Campingplatz bei Zootzen.
Hier folgt sie nun ihrem natürlichen Verlauf in eine verschwiegene Waldlandschaft hinein.

Bevor die Havel für etwa 20 km völlig in der Einsamkeit verschwindet, können die Gäste zu Lande und zu Wasser im romantischen Bredereiche dörfliche Idylle und beschauliche Gastronomie am Havelufer genießen.

Blick über Bredereiche in Richtung Norden

Blick nach Süden
in Richtung
Tornow-Marienthal

Der Große und der Kleine Kuhwallsee
Der Havelzufluss
Templiner Wasser

Wentowkanal

Die Havel fließt am unteren Bildrand im Bogen von rechts nach links. Der Wentowkanal verbindet sie über eine Schleuse mit dem Großen Wentowsee.

Die kleinen Seen innerhalb des Ortes Tornow-Marienthal sind ehemalige Tongruben, die jetzt zum Angeln und Baden einladen. Bis hierhin ist die Havel auch noch für kleinere Lastkähne befahrbar, da das früher zur Beladung aus den Gruben notwendig war.

Der Ort Burgwall - Von rechts fließt die Havel in das Gebiet ehemaliger Tongruben, das sich von hier bis nach Zehdenick erstreckt.

Das Ziegeleimuseum Mildenberg

Wunderbare Wasserwelt

Wenn eingangs gesagt wurde, dass die Havel in diesem Abschnitt keine Seen durchfließt, dann zeigen die Bilder mit einer erstaunlichen Wasserlandschaft unzweifelhaft das Gegenteil. Was wir hier sehen, ist aber weder die Naturlandschaft der Havel noch eine geplante Landschaftsarchitektur sondern das Ergebnis einer gigantischen industriellen Umweltzerstörung, die sich auf wunderbare Weise selbst renaturiert hat.

Durch Zufall entdeckte man beim Eisenbahnbau in Havelnähe Tonvorkommen - just zur gleichen Zeit, als im 19. Jahrhundert Berlin als deutsche Hauptstadt einen enormen Bevölkerungszuwachs verzeichnete und ein Bauboom einsetzte, der Mauersteine und Baumaterial in großen Mengen erforderte. Zuvor gab es nur eine alte Ziegelei in Glindow bei Werder, wo die Zisterzienser aus dem Kloster Lehnin bereits seit dem 15. Jahrhundert Ziegel herstellen ließen, aber jetzt entstanden dort bis zum Ende des 19. Jahrhunderts 18 Ziegeleien, die täglich bis zu 600.000 Steine fertigten. Zusätzlich fand man havelabwärts in Ketzin und Deetz neue Tonvorkommen, die zum Entstehen von über 20 neuen Ziegeleien führten. Offensichtlich reichten diese Kapazitäten immer noch nicht aus, um den Bedarf Berlins zu decken, so dass sich in Mildenberg noch 57 neue Ringöfen etablierten, die täglich bis zu 1,6 Mio. Steine fertigten und nach Berlin lieferten. Ziegelkähne transportierten die Backsteine auf der Havel zu den Baustellen in Brandenburg, Potsdam und Berlin, wobei viele Kanäle in den Städten erst für den Ziegeltransport angelegt wurden.

Schwindende Vorkommen und nachlassender Bedarf verringerten mit Beginn des 20. Jh. kontinuierlich die Herstellung. Heute stellt nur noch eine Ziegelei in Glindow (heute zu Werder), in traditioneller Technik und Handarbeit Ziegel für Restaurierungen und besondere gestalterische Anforderungen her. In Mildenberg kündet ein Museumspark von der intensiven aber kurzen Zeit der Ziegelherstellung.

Doch die alten Tongruben sollten bald wieder eine Funktion erfüllen. Nach 1945 lag Berlin in Trümmern und suchte nach Entsorgungsmöglichkeiten für all den Schutt. So gelangte ein beträchtlicher Teil des Berliner Trümmerschutts an seinen Herkunftsort zurück, nämlich in die ehemaligen, inzwischen mit Wasser vollgelaufenen Tongruben. Teilweise halten diese Gruben heute noch einen Dauerschlaf und sind sich selbst überlassen. Teilweise wurden sie auch schon mit Wanderwegen erschlossen und als wertvolle Biotope erkannt und gepflegt.

Wundersam erscheint uns diese Wandlung von einer eintönigen Agrarlandschaft über eine, durch industrielle Ausbeutung geformte, brache Mondlandschaft hin zu einem harmonischen, für Mensch und Tier gleichermaßen erholsamen Naturidyll. Insgesamt sind es mehr als 30 Tümpel, Teiche, Seen (sog. Stiche) die mitunter keinen, mitunter aber auch seltsame Namen tragen wie zum Beispiel Kinderstich, Waldstich, Germaniastich.

Kamelbrücke
Havelschloss Zehdenick
MARINA ZEHDENICK

Zehdenick

Die Kamelbrücken in Zehdenick
Die beiden identischen Brücken, mit korrekten Namen Bogen- und Klienitzbrücke, erinnern optisch an die Höcker von Kamelen. Sie wurden im Jahre 1900 so gebaut, um für die Frachtschiffe zum Transport der Ziegel die Durchfahrt zu gewährleisten und stehen heute unter Denkmalsschutz.

Die Zugbrücke in Zehdenick
Die Hastbrücke hatte schon als Dammbrücke diverse Vorgänger an derselben Stelle. Beiderseits der Havel gab es schon seit sehr langer Zeit Siedlungen mit einfachen Überbrückungen. Die Zunahme des Schiffsverkehrs erforderte Besseres und so entstand im 18. Jahrhundert eine einfache hölzerne Zugbrücke. Die jetzige Doppelzug-Brücke, die einzige im Havelverlauf, regelt das Zusammenspiel des innerstädtischen Autoverkehrs in Zehdenick mit dem Durchgangsverkehr auf der Havel.

Vosskanal und Havel südlich von Zehdenick in Verdeutlichung der Schwierigkeit, die Länge der Havel zu bestimmen.

Havel und Oder-Havel-Kanal

Nachdem sich die Havel bereits vor Liebenwalde weit von der kanalisierten Wasserstraße entfernt hatte, strebt sie hier scheinbar einer Wiedervereinigung mit ihrem Zwilling entgegen.

Der Sonnenschein und die Geometrie versuchen, über das Grauen hinwegzutäuschen -
Das Gelände des ehemaligen KZ Sachsenhausen.

Insgesamt wurden ca. 200.000 Menschen von 1936 bis 1945 nach Sachsenhausen deportiert, nur etwa 140.000 davon wurden registriert. Die Anlage umfasste 68 Häftlingsbaracken, ein Schulungslager für KZ-Wachmannschaften und SS-Totenkopfverbände sowie die Verwaltungszentrale für alle Konzentrationslager im Dritten Reich.

Die Anzahl der Menschen, die hier ermordet wurden lässt sich nur erahnen:
Das Totenbuch der Gedenkstätte Sachsenhausen listet knapp 22.000 namentlich auf. Dazu kommen 13.000 bis 18.000 sowjetische Kriegsgefangene, die ab August 1941 in einer Massenerschießungsanlage ermordet wurden sowie mehrere tausend Kranke und Marschunfähige, die kurz vor der Befreiung umgebracht wurden.

Der Wasserweg zur Oder

Der Handelsweg von Ost nach West führte lange Zeit per Schiff über Havel und Spree und musste dann auf dem Landweg bis nach Frankfurt an der Oder fortgesetzt werden. Kaiser Karl der IV. wollte bereits im 14. Jahrhundert eine direkte Wasserverbindung bauen lassen, suchte und fand die Stelle der geringsten Distanz zwischen Spree und Oder bei Neuhaus und Brieskow, einem Ort etwa 15 Kilometer südlich von Frankfurt. Das Projekt erwies sich als undurchführbar, denn fehlende Technik und der Niveauunterschied von etwa 17 Höhenmetern bereiteten Schwierigkeiten. Auch ein zweiter Versuch wurde im Jahre 1564 nach mehrjähriger Bauzeit abgebrochen.

Der Grund, weshalb etwa 40 Jahre später der Kurfürst Joachim Friedrich an ganz anderer Stelle einen neuen Anlauf für eine Kanalverbindung zwischen Spree und Oder nahm, bleibt unklar. Es war das Flüsschen Finow, das er dafür auserkoren hatte. Obwohl der Höhenunterschied mit mehr als 35 Metern doppelt so hoch ist und Havel und Oder weiter voneinander entfernt sind, gelang dort die erste Kanalverbindung. Dieser erste Finowkanal begann in Liebenwalde und endete in etwa dort, wo heute in Niederfinow das Schiffshebewerk steht. Nach einer Bauzeit von 15 Jahren und dem Bau von 11 Schleusen stand ab dem Jahre 1620 erstmalig ein Schiffahrtsweg zwischen Elbe, Havel und Oder zur Nutzung bereit.

Doch während des 30jährigen Krieges verfiel der Kanal und nach Kriegsende gab es wieder neue Ideen - oder waren es die alten? Anstatt den kriegsbedingt verwahrlosten Finowkanal zu rekonstruieren, begann der Kurfürst Friedrich Wilhelm das ältere Projekt zwischen Spree und Oder 1668 erneut – und diesmal erfolgreich: 100 Jahre nach den ersten gescheiterten Versuchen wurde eine Wasserstraßenverbindung von der Havel über die Spree durch Berlin zur Oder geschaffen.

Nach weiteren 200 Jahren machten die zunehmende Industrialisierung und der ansteigende Schiffsverkehr einen zeitgemäßen Neubau unvermeidlich und nur eine geänderte Kanalverbindung konnte den Erfordernissen der Zeit genügen. Diese verläuft seit 1891 bis in die Gegenwart unter dem Namen Oder-Spree-Kanal wahlweise von der Havel durch den Teltowkanal oder von der Spree durch die Dahme, als abkürzender Kanal erneut zur Spree, als Kanal durch Fürstenwalde hindurch, zweigt nach 20 km ab und mündet bei Eisenhüttenstadt in die Oder. Obwohl bis in die Gegenwart modernisiert, verliert diese Verbindung gegenwärtig an Bedeutung, denn modernen Frachtschiffen gelingt die Passage durch Berlin weder auf der Spree noch auf dem südlich um das Zentrum herum führenden Teltow-Kanal wegen zu geringen Brückenhöhen und Flussbreiten im Berliner Stadtgebiet.

Friedrich der II. war es, der zusätzlich zum Oder-Spree-Kanal das Projekt des Finowkanals ab 1743 aus dem 100jährigen Schlaf ins Leben zurückholte und zum Erfolg führte. Er entlastete damit den südlichen Kanal und ebnete gleichzeitig den Weg für den wirtschaftlichen Aufschwung der Region nördlich von Berlin. Ständig verbessert, erweitert und modernisiert, entstand schließlich im 20. Jahrhundert mit neuer Wegführung teils parallel, teils sich kreuzend ein dritter Schifffahrtsweg zwischen Havel und Oder, auf dem statt der 12 Schleusen des Finowkanals im Jahre 1934 das Schiffshebewerk Niederfinow den Betrieb aufnahm. Dieser jüngste Oder-Havel-Kanal ersetzt für den Frachtverkehr den alten Finowkanal, der heute nur noch dem Freizeitbootsverkehr dient. Der Vorteil ist, dass dieser Schifffahrtsweg die Innenstadt Berlins nicht durchquert, jedoch Berliner Häfen am westlichen Stadtrand erreicht und als Transitpassage auch modernen großen Frachtschiffen die Fahrt von der Elbe zur Oder ermöglicht. Nicht zuletzt erschließt sich damit dem Wassersport und Bootstourismus ein nahezu endloses Binnenwasserstraßennetz, das von Holland bis nach Polen reicht.

ehemalige
Lungenheilstätte
Grabowsee
Grabowsee
Oder-Havel-Kanal

RENNSTEIG

Park- und Stadtlandschaften

Der natürliche Lauf der Havel verbindet sich in Oranienburg wieder mit dem parallel verlaufenen Kanal und taucht in einen langen Abschnitt vielseitiger Park- und Stadtlandschaften ein. Dichte urbane Bebauung wechselt mit idyllischer Landschaft, mal im gepflegten Naturzustand, mal als gestaltete Parkanlage. Außerdem trifft die Havel wieder auf ein seenreiches Gebiet mit insgesamt 12 Seen - vom Lehnitzsee am Rande Oranienburgs über Tegeler See, Spandauer See, Stößensee, Scharfe Lanke, Wannsee und Jungfernsee in Berlin, um später in ähnlicher Weise Potsdam zu erfreuen. Briese, Tegeler Fließ und Nordgraben füllen die Havel zusätzlich mit ihrem Wasser auf und schließlich gibt die Spree ihre gewaltige Wassermenge an die Havel ab. Durch den Zusammenfluss in Berlin-Spandau wächst die Havel zu einem der bedeutendsten Flüsse Deutschland heran, mit einer Breite von teilweise mehreren hundert Metern und einer wichtigen Versorgungsfunktion als Schifffahrtsstraße von und nach Berlin. An der Havel selbst liegt jedoch nur ein kleiner Hafen in Spandau, denn der wichtigste Berliner Hafen, der Westhafen, liegt weit abseits der Havel und wird über die Spree und Kanäle erreicht. Große Industriebetriebe und Tanklager haben eigene Hafenanlagen an der Spree oder an einem der Schifffahrtskanäle der Stadt. Berlin ist auf und mit dem Wasserweg der Havel und Spree entstanden und gewachsen. Erst mit der Ausweitung Berlins im Jahre 1920 fließt auch die Havel mit einer Länge von 28 km durch Berlin. Berühmte Landschaftsgestalter, allen voran Joseph Peter Lenné, und die Wünsche preußischer Herrscher bewirkten, dass die Ufer der Havel streckenweise in Form von Parkanlagen ausgebaut wurden. Nördlich davon, an den Abschnitten, die damals noch außerhalb Berlins lagen, blieb die Havel als Fluss weitgehend naturbelassen.

Der kanalisierte Havelabschnitt ist kurz, denn bei Niederneuendorf zweigt als Umgehungsstrecke für den Schiffsdurchgangsverkehr der Havelkanal ab, der weit hinter Potsdam wieder den Fluss erreicht. Die Havel erreicht mit dem Niederneuendorfer See die Randgebiete Berlins mit attraktiven Wohnlagen direkt am Wasser. Uferspazier- und Wanderwege folgen, Ufergaststätten laden ein, Wassersportler aller Art und Ausflugsschiffe beleben den Fluss. Der Tegeler See mit seinen Inseln lockt mit romantischem Flair und einer der beliebtesten Badeanstalten an der Havel. Ein Uferwanderweg verwandelt sich in Tegel in die Greenwichpromenade, die schönste Uferpromenade entlang eines Havelsees, und setzt sich danach als Wanderweg in den Berliner Wäldern fort.

Die Zitadelle, eine Wasserfestungsanlage mit Resten eines alten Schlosses und einer noch älteren Burg, liegt am Rande der Altstadt

Spandaus. Das Ensemble befindet sich in Ufernähe und bietet mit seinen Parkanlagen eine Atmosphäre, die neben Einheimischen auch Gäste genießen. Ortsteile mit Ufergrundstücken und Wassersportzentren, aber auch Kleingartenanlagen in Ufernähe überbrücken einen Flussabschnitt, bis die Havel entlang ihres längsten bewaldeten Höhenzuges eine enorme Breite erreicht und durch den Wannsee, der eigentlich eine gigantische Havelbucht ist, unterbrochen wird. Höhenwege, Gaststätten oben und am Ufer, der Grunewald auf der einen Uferseite, die ehemaligen Dörfchen Kladow und Gatow auf der anderen Seite, Badestellen, Bootsanlegestellen, Möglichkeiten für den Segelsport – all das bildet ein beliebtes und typisches Berliner Ausflugsressort, das auch schon in Liedern z. B. von Conny Froboess oder Claire Waldoff besungen worden ist.

Höhepunkt im doppelten Sinne ist zweifellos der Grunewaldturm, von dem man eine herrliche Aussicht auf den langen Flussabschnitt, die flache Weite und Wälder der Umgebung und das bunte Treiben auf dem Wasser genießen kann. Weitere Höhepunkte stellen die Parkanlage auf der Pfaueninsel, mit Schlösschen und anderen Bauten sowie das berühmte Strandbad am Wannsee dar.

Die Havel fließt mitten durch das Potsdamer Stadtgebiet. Das Stadtzentrum grenzt an den Heiligen See, den Jungfernsee, die Glienicker Lanke, den Tiefen See sowie den Templiner See. Einschließlich der Gewässer in den ländlich geprägten Außenbereichen, wie z. B. der Sacrower See, der Lehnitzsee, der Groß Glienicker See, der Fahrlander See und der Weiße See, befinden sich insgesamt über 20 Gewässer auf dem Gebiet Potsdams. Der Fluss fließt anschließend in weitem Bogen, etwas entfernt von der Stadt, wieder in nördlicher Richtung und durch weitere Seen, wie den Schwielowsee und den Großen Zernsee. Dort erstrecken sich Waldgebiete, die teilweise als Wildpark von preußischen Herrschern genutzt wurden und die heute (zusammen mit Schloss Glienicke östlich von Potsdam und dem benachbarten Schloss und Park Babelsberg) zu einer großräumigen und berühmten Park- und Schlösserlandschaft in und um das Potsdamer Havelufer gehören.

Die Havel ab Oranienburg

Die Wasserwege in und um Oranienburg erscheinen verwirrend: Für die Schifffahrt wird die Havel durch den Lehnitzsee östlich am Stadtzentrum vorbei geleitet, umfließt als Kanalverbindung zum Rhin das Stadtzentrum auf westlicher Seite und als eigentlich Fluss fließt sie immer noch mitten durch die Stadt.

Südlich Oranienburgs ist die Havel für einige Kilometer gleichzeitig der Oder-Havel-Kanal doch bereits kurz vor der Stadtgrenze Berlins, mit dem Beginn der Seenkette am Niederneuendorfer See, spricht man nur noch von der Havel. Mit Ausnahme der dicht besiedelten Teilstrecke durch Spandau, war – abgesehen von partiellen Uferbefestigungen oder Hafenanlagen - kaum ein Kanalausbau der Havel erforderlich, die bis zur Mündung in die Elbe fast durchgängig eine für den Schiffsverkehr ausreichende Breite bietet. Nur zur Abkürzung der Schifffahrtsstrecken wurde an Potsdam vorbei der Sacrow-Paretzer-Kanal geschaffen, sowie hinter Brandenburg und bei Havelberg eine Kanalverbindung zur Elbe.

Und es gibt noch einen Havelkanal. Dieser bildet im Reigen der künstlich angelegten Wasserstraßen ein Andenken an die politischen Verhältnisse vor der deutschen Einheit 1990. Der Havelkanal verbindet „die Havel mit der Havel" an Berlin vorbei. Er beginnt kurz vor der nördlichen (damals Westberliner) Stadtgrenze, verläuft in großem Bogen um Westberlin herum und mündet fast gleichzeitig mit dem aus Potsdam kommenden Sacrow-Paretzer-Kanal wieder in die Havel. Der einzige Grund für dieses bauliche Manöver war, eine Wasserstraßenverbindung innerhalb der DDR ohne Passage Westberlins zu schaffen.

Am Abzweig Niederneuendorfer See gibt es eine weitere Originalität der damaligen innerdeutschen Grenze. Eine Uferseite des Sees war damals Westberliner Gebiet. Davor wurden zur "Grenzsicherung" zwei Frachtkähne im See versenkt, die eine künstliche Insel bildeten und so den innerhalb der DDR verkehrenden Schiffen oder Besatzungsmitgliedern die Möglichkeit verwehren sollten, Westberliner Gebiet zu erreichen.

Voll beladen mit Sand und Erde ragen die beiden Kähne noch immer etwas aus dem Wasser, sind längst bewachsen und fügen sich heute harmonisch in das Landschaftsbild ein.

Wohnen am Abzweig des Havelkanales in Nieder Neuendorf

Havelufer in Berlin-Heiligensee gegenüber Hohen Neuendorf

Die Havel in Berlin

Die Havel erreicht Berlin erst seit der Stadterweiterung 1920. Die heutigen Berliner Ortsteile am Ufer der Havel waren früher eigenständige Dörfer oder sind als Siedlungen im Zuge der Berliner Ausdehnung entstanden. Unmittelbar am westlichen Ufer sehen wir zunächst die Altstadt Spandaus - jetzt Teil Berlins, früher eine selbständige Stadt mit besonderer Historie.

Spandau wäre als eigenständige Stadt gegenwärtig die mit Abstand größte entlang der Havel. Mehr als 220 000 Einwohner wohnen in dem Berliner Stadtbezirk, der seinerseits Nachbardörfer überwuchert hat und damit wesentlich größer als Potsdam (157 000) und Brandenburg (72 000) ist. Auch hinsichtlich historischer und gegenwärtiger Bedeutung kann man Spandau durchaus in den Reigen der wichtigsten Orte entlang der Havel aufnehmen. Und das nicht nur deshalb, weil an Spandaus Bahnhof (als einzigem entlang der Havel) auch der ICE hält, oder weil in Spandau die Havel ihren Bezugspunkt für die Schifffahrt, Kilometer Null, findet und ab hier die Entfernungen in beide Richtungen angezeigt werden.

Günstig am Zusammenfluss von Spree und Havel gelegen, entstanden hier in vorgeschichtlicher Zeit eine Siedlung und eine Burganlage der Slawen. 1197 tritt mit dem Burgvogt Eberhard der Ort als Spandow in die dokumentierte Geschichte ein. Der Juliusturm, jetzt Teil der Zitadelle, stammt aus jener Zeit und ist damit das älteste Gebäude Berlins. Eine Stadtrechtsurkunde des Jahres 1232 gründet Spandau als Stadt mit festgelegten Rechten und setzt mit der Erwähnung eines Rathauses und eines Kaufhauses am Marktplatz einen längst bestehenden Ort respektabler Größe und Bedeutung voraus.

Spandau war neben der Stadt Brandenburg auch Sitz des Herrschers im Kurfürstentum Brandenburg, auch noch Nebenresidenz Berlins, die sich später nach Potsdam verlagerte. 1539 wurde in der Nikolaikirche Spandaus offiziell die Reformation als Landeskonfession eingeführt, ebenfalls im 16. Jahrhundert folgten der Burg ein Schloss und wenig später eine Festungsmauer um die Stadt und der Bau der Zitadelle. Spandau wurde Garnisonsstadt, Kasernen kamen hinzu, die Rüstungsindustrie zeitweise der wichtigste Wirtschaftszweig und schließlich folgten andere Großindustrien. Spandauer Häfen für Frachtschiffe und den Freizeitbootsverkehr dokumentieren als weiteres Beispiel die wirtschaftliche und zunehmende touristische Bedeutung dieses Ortes.

Die Zitadelle Spandau ragt nicht nur bildlich aus der Fülle der Sehenswürdigkeiten der Stadt heraus, sondern gilt als eine der bedeutendsten und besterhaltenen Festungen der Hochrenaissance in Europa. Der Kurfürst Joachim II ließ 1559 bis 1594 mithilfe italienischer Architekten die ursprüngliche mittelalterliche Burganlage zu einer Zitadelle mit symmetrischem Grundriss erweitern. Dabei ging es ihm nicht nur um die Landesverteidigung, sondern auch darum, eine sichere und repräsentative Nebenresidenz unweit Berlins zu schaffen. Militärische Bedeutung erlangte die Festung im Dreißigjährigen Krieg und in den Befreiungskriegen gegen Napoleon, in deren Verlauf sie stark beschädigt wurde. Nach dem Krieg gegen Frankreich diente der Juliusturm als Tresor, in dem ab 1874 ein Teil des Reichskriegsschatzes eingelagert wurde, der jedoch nach Ende des ersten Weltkrieges im Jahre 1919 an Frankreich zurückgegeben werden musste. Geblieben ist die Umschreibung, dass angesammeltes Vermögen, das sicher aber nutzlos aufbewahrt wird, „im Juliusturm gehortet" wird.

In der Zeit der Nazidiktatur gab es auf dem Gelände Versuchslabore zur Chemischen Kriegsführung. Nach Ende des Krieges folgten Zeiten umfangreicher Sanierungs- und Umnutzungspläne. Heute beherbergt die Anlage eine Sammlung von Skulpturen der ehemaligen Siegesallee, ein stadtgeschichtliches Museum und der Aufstieg über die 145 Stufen des Juliusturmes ermöglicht einen weiten Blick über die Havel, bis nach Tegel, zur Berliner Innenstadt und zum Grunewald. Weiterhin finden in der Anlage regelmäßig Konzerte, Festivals und andere Veranstaltungen, so z. B. ein jährliches Mittelalterfest statt.

Und nicht zuletzt ist die Zitadelle Heiratsmarkt und Überwinterungsquartier - für Fledermäuse. Man schätzt mehr als 10 000 Tiere, die sich im Herbst in den dunklen ungenutzten Verließen der Zitadelle sammeln und unter optimalen Bedingungen überwintern.

Zitadelle Spandau und Spreemündung am oberen Bildrand links.

Ein origineller Wettkampf

Ein besonderes Sportereignis fand 1567 auf dem Wasser der Havel statt und ging als „Knüppelkrieg" oder „Schlacht an der Malche" in die Geschichte ein. Der damalige Kurfürst Joachim II. Hektor ließ zur eigenen und Volksbelustigung eine Seeschlacht veranstalten. Die Städte Spandau und Berlin sollten ihn und die Zuschauer mit einem anschaulichen Kräftemessen in militärischer Manier auf dem Wasser unterhalten. Der Bürgermeister Spandaus wurde zum Admiral ernannt; beide Seiten kamen mit über 20 vollbemannten Schiffen, etwa 1.500 Berliner und 800 Spandauer.

Drei Tage lang sollte gekämpft und die Wasserschlacht anschließend an Land als offene Feldschlacht fortgesetzt werden. Mit viel Musik und Fröhlichkeit begann der Wasserspaß, der in der Havelbucht Malche eine ideale Wasserarena gefunden hatte und dem auch die Bevölkerung beider Städte mit Freude zuschaute. Trotz der Anweisung des Kurfürsten, dass die Berliner die „Schlacht" gewinnen sollten, entwickelten die Spandauer im Verlaufe des Manövers so viel Ehrgeiz, dass sie sich mit der für sie vorgesehenen Niederlage nicht abfinden wollten. Sie lockten die Berliner in einen Hinterhalt und schlugen mit ihren Knüppeln auf sie ein. Weil der Kurfürst sein Happy End gefährdet sah, griff er selbst in das Geschehen ein und befahl die Aufstellung von Kanonen (die allerdings nicht geladen waren). Die Veranstaltung steigerte sich immer mehr in eine Massenschlägerei, in der die Berliner trotz des kurfürstlichen Beistandes unterlagen. Über diesen Ausgang des Knüppelkrieges war der Kurfürst Joachim II. Hektor so erbost, dass er den Spandauer Bürgermeister für einige Monate einsperren ließ.

Laut dem brandenburgischen Chronisten Leuthinger fand die Seeschlacht auf dem Großen Malchesee (heute Krienicke, im Bild oberhalb der Zitadelle Spandau) statt.

Die Havel kommt im engen Bett durch die Innenstadt von Spandau an der Zitadelle vorbei, umfließt die Inseln Eiswerder, Kleiner und Großer Wall und mit der Spree vereint in beeindruckender Breite durch Berlin.

Flughafen Tegel und Tegeler See - die Havel fließt rechts aus dem Bild.

"Wasserstadt Spandau",
Kleiner Wall

Die Insel Eiswerder als Teil des Industriegebietes in Spandau

Die Stößenseebrücke überspannt in einer Höhe von mehr als 20 Metern über dem Wasserspiegel und einer Länge von etwa 100 Metern eine Havelniederung mit zergliedertem Havelverlauf, Halbinseln, Seebuchten sowie dem Stößensee, durch den ein Nebenarm der Havel fließt. Heute ist die Stößenseebrücke Teil der Bundesstraßen 2 und 5 eine der wichtigsten Brücken von und nach Berlin.

Wohnsiedlung am Rande Berlins

Kladow

Grunewald
Schwanenwerder
Kälberwerder
Pfaueninsel

Der Grunewald

Teltowsche Heide hieß einstmals das Waldgebiet, in dem an einem der Waldseen im Jahre 1542 ein Jagdschloss erbaut wurde, das den Namen „Zum grünen Wald" erhielt. Sowohl der See, an dem es liegt, als auch der Wald wurden nach diesem Schloss benannt und irgendwann verschwanden die beiden Pünktchen über dem „u". Aufgrund der Abgeschiedenheit des Schlosses war es in Kreisen des Hochadels einschließlich der Königsfamilie auch ein bevorzugter Ort für fröhliche Feste und Ausschweifungen. Wenn es auch heute nicht mehr ganz so hoch einhergeht, so ist das Jagdschloss Grunewald mit der angrenzenden Gastronomie immer noch ein bekanntes und beliebtes Ausflugsziel.

Dominant und unübersehbar auf dem 78 Meter hohen Karlsberg gelegen, und mit einem der schönsten Havelausblicke präsentiert sich der frühere Kaiser-Wilhelm-Turm, jetzt Grunewaldturm. Das 56 Meter hohe Bauwerk wurde im Jahre 1897 vom Landkreis Teltow, zu dem der Wald gehörte, mit einem wertvollen Mosaik im Inneren als Huldigung an den Kaiser errichtet. Dabei ist den Erbauern ein peinliches Missgeschick unterlaufen, denn der zu würdigende Kaiser wird in der Inschrift am Turm nur als König bezeichnet, also degradiert. Der regierende Kaiser soll es den Teltowern gnädig verziehen haben, die Inschrift ist bis heute lesbar am Turm.

Eine besondere Ehrung erhielt der Grunewald mit der Auszeichnung als „Waldgebiet des Jahres 2015". Die Würdigung bezieht sich einerseits auf die Art und Vielfalt des Waldes mit seltenem Baumbestand, neun Naturschutzgebieten und großer Tierartenvielfalt, andererseits aber auf die seit langer Zeit gelungene Verbindung zwischen Erhalt der Natur, Besucherfreundlichkeit für die jährlich mehr als eine Million Besucher und forstwirtschaftlicher Nutzung.

Grunewaldturm

Strandbad Wannsee

Der berühmte Wannsee

Die Havel fließt von Norden her ins Bild und verlässt es noch oberhalb des Wannsees nach Südwest. Hier grenzen Wald, Wasser, Wohnen und die renommierten und weit über Berlins Grenzen hinaus bekannten Yachtclubs aneinander.

Kompass versus Sprache

Im vorigen Jahrhundert gab es eine Zeit, da lag das westliche Ufer der Havel im Osten und das östliche im Westen, da erreichte die Havel auf dem Weg nach Süden den Westen und später im Süden den Osten. So jedenfalls sagte man damals.

Diese Verwirrung ergab sich durch die Diskrepanz zwischen Geografie und Sprachgebrauch während der Teilung Deutschlands. Es gab ein sog. Westberlin, was bestimmte Bezirke Berlins einschloss, die nicht zwingend auch geografisch im Westen des Berliner Stadtgebietes lagen. Zusätzlich lag Westberlin mitten im politischen Osten, nämlich im Gebiet der DDR.

Die Havel erreichte also die Stadt von Norden kommend im *Westen* und verließ Berlin nach Süden in den *Osten*, nämlich nach Brandenburg. Dabei verlief die Stadtgrenze im Norden und im Süden Berlins in der Mitte der Havel. Somit lag das östliche Havelufer damals im *Westen* und das westliche Ufer im Lande Brandenburg, damals im *Osten* Deutschlands. Und während die Havel nach Süden die Stadt verließ, floss sie gleichzeitig vom *Westen* in den *Osten* und gemäß Kompassangabe hinter Potsdam mit einer Kurve nach Westen und Norden im *Osten* weiter.

Glienicker Brücke mit dem Teepavillon "Große Neugierde"
Der Name der Brücke beantwortet jede Frage zur Lage dieser Brücke, die die beiden Städte Potsdam und Berlin verbindet. Vorläufer der jetzigen Einsenkonstruktion war eine Steinbrücke von Karl Friedrich Schinkel, von der heute noch die Portale und Schmuckelemente zeugen. Berühmt wurde diese Brücke besonders als Ort des Agenten-Austausches während des Kalten Krieges.

Pfaueninsel mit Schloss

Schwanenwerder

Pfaueninsel
Kälberwerder
Imchen

Heilandskirche
Sacrow

Im Vordergrund Sacrow mit der Heilandskirche am Ufer. Oberhalb der Havel der Forst Düppel, in dem sich die Kirche St. Peter und Paul versteckt.

Glienicker Brücke
Abzweig
Teltowkanal

Schloss und Park
Babelsberg

Potsdam

Politisch trat die Stadt erst mit ihrer systematischen Anlage zur Militär- und Garnisonstadt im 17. Jahrhundert in die Geschichte ein. Wenn der Ort bislang nur als hervorragendes Jagdgebiet von kurfürstlichem Interesse gewesen war, so ließ Kurfürst Friedrich Wilhelm I. ihn jetzt zu einer attraktiven Stadt entwickeln. Unter dem „Soldatenkönig" wuchs Potsdam zu einem wichtigen Garnisonsstandort mit neuen Wohnquartieren und sakralen Bauten. Die militärischen Befehlshaber und ihr Geist prägten Potsdam und die Potsdamer über alle Zeiten: von der preußischen über die kaiserliche Armee, Reichswehr, Wehrmacht, Roter Armee bis zur NVA und Bundeswehr.

Friedrich II. der Große entschied, Potsdam endgültig zur Residenzstadt zu machen und veranlasste massive Veränderungen am Stadtbild. Einige der zahlreichen und einzigartigen Schloss- und Parkanlagen in und um Potsdam gehen auf ihn zurück, insbesondere Schloss und Park Sanssouci. In den kommenden Jahrhunderten gestaltete jeder der preußischen Thronfolger die Schlösser und Parks entsprechend seiner Vorlieben und Neigungen sowie dem Geschmack der Zeit und des beauftragen Architekten um, baute aus und an. Erst mit dem Ende des Ersten Weltkriegs endete auch die Ära der Monarchie und die Stadt Potsdam verlor endgültig ihren Status als Residenzstadt. Seit 1990 stehen rund 500 ha Parkanlage mit 150 Gebäuden aus der Zeit von 1730 bis 1916 als größtes Ensemble der deutschen Welterbestätten auf der Liste des Weltkultur- und Naturerbes der UNESCO.

Innerhalb Potsdams erfreuen neben den Anlagen von Sanssouci auch der Park in Babelsberg, der Neue Garten mit Cecilienhof und Marmorpalais, der BUGA-Park im Bornstedter Feld (jetzt Volkspark Potsdam) und die Parkanlagen auf dem Pfingst- sowie Kapellenberg mit dem Schloss Belvedere, dem Pomonatempel, der Russisch-orthodoxen Kirche, der sich die ebenfalls parkähnlich angelegte Siedlung Alexandrowka anschließt. Gewürdigt werden oft nur die jeweiligen Parks als einzelne Gartenkunstwerke, ohne den übergeordneten Zusammenhang wahrzunehmen. Doch wenn man die außerhalb der Stadtgrenzen liegenden Parks in Glienicke, Sacrow und auf der Pfaueninsel sowie das Havelufer und die Waldgebiete in Richtung Caputh, Werder und die Bornimer Feldflur überblickt und betrachtet, dann entsteht der Eindruck, dass nicht Parkflächen in einer Stadt angelegt wurden, sondern eine Stadt harmonisch in eine weiträumige Parklandschaft eingebettet ist.

Die Stadtentwicklung der Gegenwart hat darauf gesetzt, eine Rekonstruktion der im Jahre 1945 zerstörten Stadt mit zeitgemäßen Tendenzen zu verbinden, so dass die Stadt mehr als eine romantisch-nostalgische Kulisse ist, sondern eine moderne Landeshauptstadt mit einem Kongresszentrum, olympischen Sportstätten, funktionierender Infrastruktur und nachhaltigem Tourismus. In der sich das traditionsreiche Filmstudio Babelsberg zu einem der führenden Zentren der Film- und Fernsehproduktion in Europa entwickelte, sowie drei öffentliche Hochschulen und mehr als 30 Forschungsinstituten einen wissenschaftlichen Ruf begründen und beispielsweise in der Erdbebenforschung die unumstrittene Weltspitze darstellen.

Schloss Cecilienhof

Alte Meierei, jetzt Ausflugslokal mit Schiffsanlegestelle am Jungfernsee

Die Nicolaikirche und das Stadtschloss mit Sitz des Brandenburgischen Landtages - rechts das Alte Rathaus

Lange Brücke über die Freundschaftsinsel Seit dem 14. Jahrhundert gab es Brücken an dieser Hauptschlagader Potsdams. Nachdem auch die von 1961 dem Verkehr nicht mehr gewachsen war, erfolgte zum Jahre 2009 ein Neubau unmittelbar daneben - so dicht, dass beide Brücken als Zwilling wahrgenommen werden. Der Blick von der Brücke ist vielseitig: Neben Parkanlagen mit viel Ruhe und langen Uferwegen entlang der Havel entdecken wir ein Einkaufsparadies im Hauptbahnhof und den Hauptverkehrsknoten des Bus- und Bahnverkehrs in Potsdam. Weiter umgewandt grüßt der Brauhausberg mit Waldlandschaft, die Anlegestelle der Weißen Flotte und Uferpromenade, Hotel und Schloss.

Marmorpalais
am Heiligen See

Die Havel fließt von links unten nach rechts oben - Halbinsel Herrmannswerder, vorbei am Olympiasport- und Kongresszentrum, zu Damm und Brücke über den Templiner See.

Das Havelland

Aus dem Templiner See kommend, zwängt sich die Havel durch eine der seltenen Engstellen, das Caputher Gmünd, in die Weite des Schwielowsees. Nur Freizeitwasserfreuden und etwas Fischerei finden auf der ruhigen Wasserfläche statt. Der Glindower und Plessower See nebenan vervollkommnen die Seenlandschaft, während die Havel ihr Wasser an der Stadt Werder vorbei durch den großen und kleinen Zernsee fließen lässt, den Göttinsee streift, Paretz und Ketzin erreicht. In dem folgenden kurvenreichen Fluss-, Buchten-, Seitenarm- und Überschwemmungsflächengewirr bekam nur die größte Wasserweite einen Namen, Trebelsee. Das flache, weite, sehr dünn besiedelte Wiesenland strahlt Ruhe aus. Reiher, Wildgänse, Schwäne und diverse andere Vogelarten finden beste Lebensbedingungen, Rinder auf den weiten Wiesen setzen farbige Tupfer in die Landschaft.

Das Havelland ist ein überwiegend flaches Gebiet, weitgehend noch immer von Feuchtgebieten durchzogen. Wiesen, die durch Gräben entwässert werden, offenes Weideland, Weite und Ruhe dominieren außerhalb der wenigen Städte.

Bis zu den Havelseen um die Stadt Brandenburg setzt sich die Havel als Verbindung zahlreicher Seen fort, wird zunehmend breiter, so dass von vielen Uferbereichen und vom Wasser aus mitunter kein Unterschied zwischen einer Havelerweiterung und einem See erkennbar ist. An Namen ist das nicht ablesbar, wie schon der berühmte Brandenburg- und Havelkenner Theodor Fontane feststellen musste. Der kleine Zernsee ist wohl eher ein breiter Havelabschnitt, während es im weiteren Flussverlauf verschwiegene Havelbuchten gibt, die man viel eher als Seen am Rande des Flusses bezeichnen könnte. Den größten See entlang der gesamten Havel, den Schwielowsee, bezeichnet Theodor Fontane sogar als „Havelbucht im großen Stil wie der Tegeler See, der Wannsee, der Plauesche See. Allesamt sind es Flusshaffe, denen man zu Ehre oder Unehre den Namen See gegeben hat." Bemerkenswert an diesen Worten Fontanes ist auch der Begriff „Flusshaff", der belegt, dass offensichtlich noch bis in das vorletzte Jahrhundert hinein der Begriff „Haff" auch für Buchten von Fließgewässern im Binnenland gebräuchlich war. Im Zusammenhang mit dem sehr flachen Schwielowsee vermutete Theoder Fontane sogar, dass dieser See nicht viel mehr als 1.000 Jahre alt sei und zuvor eine trockenen Landmulde war, durch eine Art natürlichem Deich vom Fluss getrennt. Und tatsächlich haben Forschungen ergeben, dass das gesamte Gebiet, das gegenwärtig nur 2 Meter über dem Normalpegelstand der Havel liegt, in früheren Zeiten noch tiefer lag und sich das Flussbett nach Überschwemmungen einen anderen Weg gesucht und Seen gebildet haben könnte. Noch bis zum Bau von Deichen am Unterlauf und der Schaffung der Entwässerungsgräben war das Gebiet ein kaum nutzbares Sumpfland, in dem sich die Havel je nach Wassermenge ausbreiten konnte.

Das Havelländische Luch, das Rhinluch, das Dossebruch – So sind hier die großflächigen typischen Landschaftsformen bezeichnet, die es in dieser Größenordnung nirgends sonst in Deutschland gibt. Luch und Bruch bezeichnen flache Feuchtgebiete, Sumpfwiesen, ständig nass und weich, aber nicht bodenlos oder tiefgründig, weitgehend ungeeignet für den Ackerbau und für umfangreichen Baumbewuchs, ähnlich verlandeter Seeuferzonen. Erst durch Deichbau und Entwässerung wurden landwirtschaftliche Nutzflächen gewonnen, wobei die Bodenbeschaffenheit nur begrenzte Bebauung zulässt, so dass die weiträumigen Uferregionen reizvoll und unbebaut geblieben sind.

Das Flachland ist durchsetzt von bewaldeten Höhen, die sich nur geringfügig aus der Ebene erheben, wird jedoch südlich begrenzt von durchgehenden Höhenzügen, die die Havel zum Schwenk nach Norden zwingen und sich entlang des Ufers noch bis nach Werder erstrecken. Dadurch bietet die hügelige Region um Werder mit dichter Bebauung einen Kontrast. Das milde Klima, das durch zahlreiche Seen um Werder entsteht, ermöglicht an den dortigen Hügeln seit Jahrhunderten sogar den Weinbau mit anerkannten Qualitätsweinen, die der Region Saale-Unstrut angeschlossen sind.

Auf großflächig höher gelegenen Trockengebieten havelabwärts entstanden Orte und die Stadt Brandenburg an einer Stelle, an der zuvor bereits slawische Völker feste Wohnsitze und eine Befestigungsanlage erbaut hatten. Die Lage ergab von Osten und Westen her den idealen Vorposten jeweiliger Herrschaftsgebiete. Die Stadt Brandenburg an der Havel bildet den Ursprung des gleichnamigen Landes und den Ausgangspunkt zur Expansion in die östliche Region Mitteldeutschlands.

Als sich ab 1949 die beiden gegensätzlichen Staatsgebilde in Deutschland gegründet hatten, machten sich Bahnverbindungen um Westberlin herum notwendig. Im Zuge dessen entstand die Eisenbahnbrücke über den Templiner See, die heute einen separaten Fußgängerweg führt. Nach Norden breitet sich Potsdam aus, nach Osten schweift der Blick über die Wälderweite, nach Süden grüßt in der Ferne Caputh am Havelufer. Die Leistung dieses Brückenbaues würdigte die DDR übrigens 1976 mit der Ausgabe einer Briefmarke.

Der Ort Caputh zwischen Templiner und Caputher See

Über das Caputher Gemünde, eine Engstelle der Havel zwischen dem Templiner See und dem Schwielowsee, gibt es seit mehr als 150 Jahren eine Fähre, die Caputh mit Geltow verbindet. Das schon von Fontane gewürdigte Schloss Caputh ist das einzige erhaltene Schloss der Potsdamer Kulturlandschaft aus der Zeit des Großen Kurfürsten Friedrich Wilhelm und des Brandenburger Frühbarock. Von 1928 bis 1932 war Caputh Sommerwohnort Albert Einsteins.

Werder

Die Stadt Werder tritt erstmals im 14. Jahrhundert mit einer Brücke in die dokumentierte Geschichte ein. Der Stadtname entspräche gemäß heutigem Sprachverständnis nur „Insel" oder „Inselstadt" und trifft für die Altstadt Werders noch immer zu. Die Silhouette dieser Inselstadt gehört zu den charakteristischsten Ansichten der gesamten Havel, denn von allen Seiten und schon aus weiter Ferne sichtbar, ragen über der breiten Havel die markanten Kirchtürme heraus. Diese gehören zu der im 19. Jahrhundert errichteten Heilig-Geist-Kirche, die eine alte Kirche aus dem 13. Jahrhundert ersetzte. Markant ist auch eine alte Bockwindmühle auf der Insel.
Werder entstand vor langer Zeit nicht nur als Fischerort, sondern bereits ab dem 13. Jahrhundert durch den Weinanbau. Im Jahre 1598 wurde vom Großen Kurfürsten eine „Weinmeisterordnung" festgelegt - Beweis, dass der Weinbau einen wichtigen Wirtschaftszweig darstellte und sogar Export betrieben wurde. Später wurde es durch klimatische und gesellschaftliche Veränderungen lukrativer, den Anbau von Obst zu intensivieren und daraus Wein herzustellen und Werder wurde zum bis heute bekannten Zentrum des Obstanbaus und der Obstweinherstellung. Vom Weinanbau geblieben ist der heute noch 7 ha große „Werderaner Wachtelberg", die nördlichste eingetragene Lage für Qualitätsweine weltweit.

Die Havel zwischen Töplitz (links) und Phöben (rechts)

Paretzer
Kanal
Göttinsee
Havelkanal

Ketzin

Bei Klein Kreutz

Brandenburg

Die älteste der Havelstädte ist die Stadt Brandenburg, die mit ihrer Vorgeschichte die Keimzelle des Königreiches Preußen bildet. Eine Slawenfestung, gemäß damaligem Wortverständnis eine Burg, gab es auf der jetzigen Dominsel auf einem Berg. Im 10. Jahrhundert eroberten die Deutschen die Festung, noch im selben Jahrhundert fiel sie jedoch an die Slawen zurück. Der Slawenfürst Pribislaw-Heinrich, der sich zum Christentum bekehren ließ und dem deutschen Zeitgeist zuwandte, förderte die Entwicklung seines Hauptsitzes zur Stadt und baute Kirchen für den Zuzug von Mönchen. Nach seinem Tod um 1150 fiel Brandenburg und das Umland per Erbvertrag den Askaniern, einem deutschen Adelsgeschlecht, zu. Sie machten die Stadt zu ihrer Residenzstadt und nannten sich ab da Markgrafen von Brandenburg. Die Askanier bauten den Dom, dem später sehr eindrucksvolle weitere Kirchen folgten und die bis heute die wichtigsten Sehenswürdigkeiten der Stadt bilden. Bereits im 12. Jahrhundert entwickelte sich eine zweite Stadt Brandenburg als Neustadt auf der jetzigen Stadtinsel. Als Hauptstadt der Markgrafschaft Brandenburg, als Bischofssitz, als Ort eines von weither angerufenen, seit 1326 bezeugten Schöppenstuhls und als Fernhandelsstadt bildeten die beiden Städte Brandenburg im Mittelalter zusammen das unbestrittene Zentrum zwischen Elbe und Oder.

Die wirtschaftliche und kulturelle Bedeutung schwankte mehrfach, verschiedene Industrien entwickelten sich und verschwanden wieder. Immer hat sich die Stadt erholt. Sie ist inzwischen auch weit über ihre ursprünglichen Grenzen mit einem weiteren Kerngebiet und Vororten hinausgewachsen und mit etwa 71.000 Einwohnern eine der größten Städte entlang der Havel. Die Lage in der Havel-Landschaft und die Verbindung modernen Lebens mit historischem Flair ergeben eine Mischung, die nicht nur Prominente, wie der dort geborene Vicco von Bülow (der Zeichner, Komiker, Filmproduzent „Loriot“) schätzen und würdigen. 2015 bildet Brandenburg den südlichen Ausgangspunkt für die Bundesgartenschau (BUGA) der Havelregion und setzt zusätzliche Akzente in der Stadt.

Die Wasserläufe der Havel verteilen sich um das Zentrum der Stadt. Dies ist den zahlreichen menschlichen Eingriffen in den natürlichen Wasserlauf geschuldet, die der Entwicklung zur Wasserstraße, der Wirtschaftlichkeit der Wassermühlen und dem Schutz von Städten und Landverbindungen dienten.

Der 850jährige Dom St. Peter und Paul zu Brandenburg bildet die Wiege der Stadt, der Markgrafschaft und des Bundeslandes.

Das ehemalige Dominikanerkloster St. Pauli wurde in den Jahren 2004-2008 zum Archäologischen Landesmuseum ausgebaut.

Der Brandenburger Stadtteil Neustadt mit Steintorturm und Stadtkanal, der Kirche St. Katharinen in der Bildmitte und der Dominsel im Hintergrund.

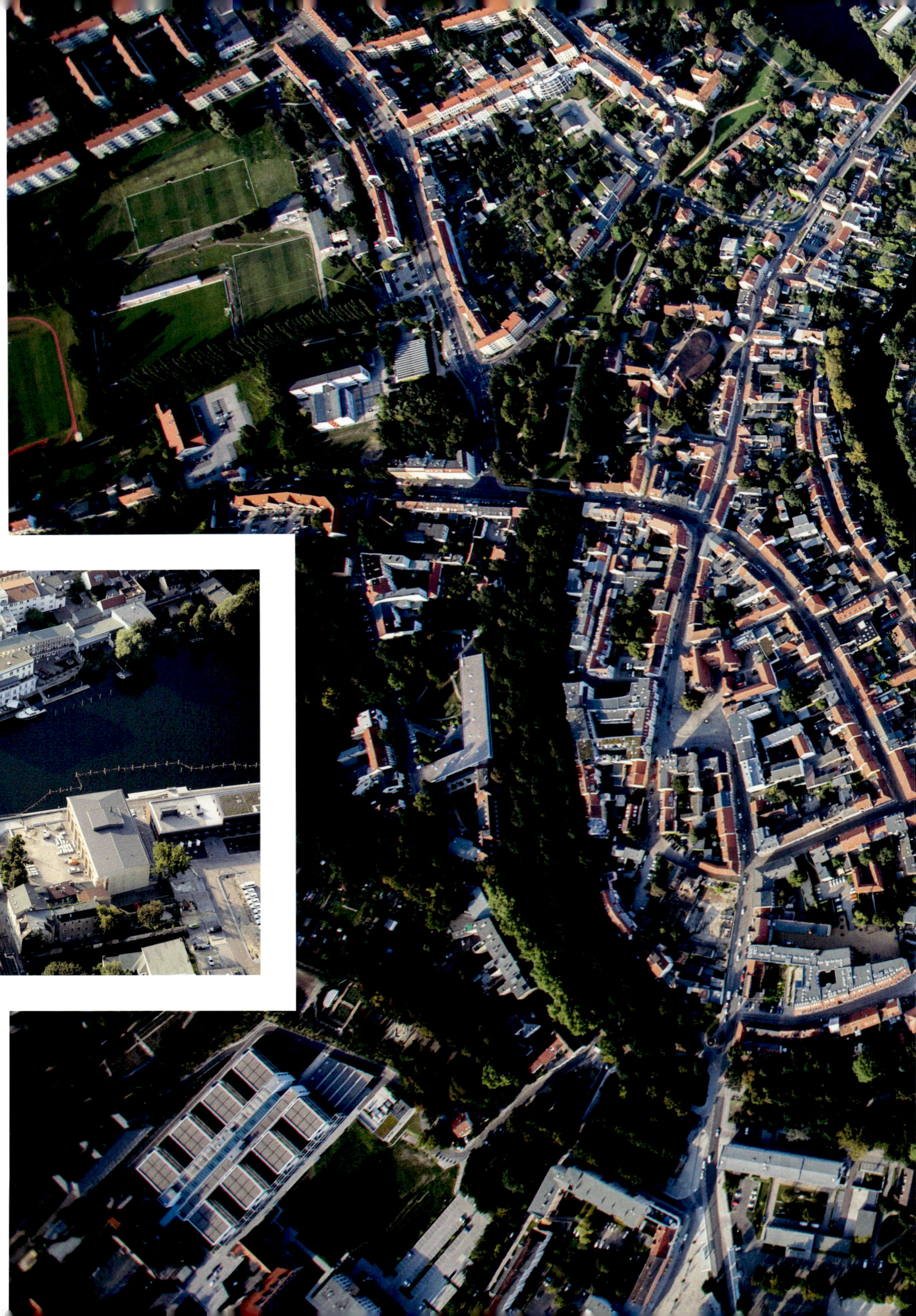

Die Jahrtausendbrücke
Der Name der Brücke bezieht sich auf einen Brückenneubau zum 1000jährigen Stadtjubiläum Brandenburgs im Jahre 1929. Die wurde allerdings im Jahre 1945 zerstört, bekam eine Nachfolgerin ab 1947. Doch auch diese ist hier nicht zu bewundern, sondern ein Neubau des Jahres 1996, der überhaupt keine Ähnlichkeit mit den vorherigen Brücken aufweist.

Kanincheninsel
Kiehnwerder
Buhnenwerder

Die Unterhavel

Nach Verlassen des Plauer Sees schlängelt sich die Havel breit, beschaulich und weiterhin kurvenreich durch das flache Land und bildet dabei Seitenarme. Dabei wurden für die Schifffahrt einige Abkürzungen geschaffen, so dass der Fluss vom Wasser aus sehr abwechslungsreich erlebbar ist. Außerhalb der Städte sind beidseitig durchgängig Deichanlagen errichtet worden, teilweise jedoch nicht unmittelbar am Ufer sondern weit abseits davon, so dass bei dem jährlichen Rückstau durch das Elbehochwasser ausreichende Überschwemmungsflächen vorhanden sind. Dadurch gestalten sich die Uferbereiche als weite Überschwemmungsflächen zwischen Fluss und Deichen, die nur zu Fuß betreten werden dürfen und aus Teichen, kleinen Rinnsalen und wildem Baumbewuchs bestehen und mit ihrer ruhigen Weite ein Paradies für diverse Vögelarten darstellen. Auch einige bewaldete Stücke erheben sich aus den Feuchtgebieten und reichen bis in die Nähe des Flusses.

Die Naturschutzgebiete reihen sich aneinander: „Brandenburger Wald-und-Seen-Gebiet“, „Untere Havel Süd“, „Untere Havel“ und „Untere Havel Nord“, dann das „Jederitzer Holz“ und das „Stremel“. Dazwischen liegen liebenswürdige Orte: Plaue mit geschichtsträchtigem Schloss und Park eröffnet den Reigen attraktiver Haveluferbereiche, Pritzerbe überrascht mit der ländlichen Idylle eines Uferstädtchens, Premnitz glänzt mit einer der schönsten Uferpromenaden, die es entlang der gesamten Havel gibt, Rathenow ist nicht nur als Optikerstadt berühmt sondern bietet mit seinem Park und dem Bismarckturm auch eine weite Aussicht in das flache Land, Havelberg kurz vor der Mündung ist mit der Altstadt und seinem Dom, der innen einer der Schönsten im gesamten norddeutschen Gebiet ist, ein Kleinod besonderer Art. Ergänzt wird die Attraktivität der Region zwischen Brandenburg und Havelberg durch das „Ländchen Rhinow“, einem abwechslungsreichen Wald- und Seengebiet in der Nähe der Mündungen von Dosse und Rhin in die Havel.

Mögelin

Ausfahrt Silokanal in den Quenzsee
Stadt Brandenburg

Schloss Plaue mit Schlosspark (links unten im Bild), direkt an der Havel, die hier durch den Plauer See fließt. Aus der einst zerstörten Burg erwuchs ein Schloss, aus dem sich über Generationen hinweg die Adelsfamilie von Görne Land und Leuten verpflichtet fühlte. Porzellan-, Steinzeug- und Textilherstellung schufen einen Wohlstand für die gesamte Region mit sozialen Einrichtungen, Altersheim und Schule. Ab 1946 erfolgten verschiedene Nutzungsversuche und der Verfall des Schlosses. Gegenwärtig ist das Schloss als Hotel zu neuem Leben erwacht und lädt Gäste zur Erholung ein.

Ehemalige Königlich-Preußische Pulverfabrik in Kirchmöser, später Lokomotivwerk und Panzerfabrik sowie Kasernengelände der Roten Armee.

Brücke nach Kirchmöser

Plaue

Wohnsiedlung südlich von Briest

Havelsee

Fohrde
Kutzkow

Havel zwischen Pritzerbe und Premnitz

Idylle bei Premnitz

Rathenow

Rathenow bezeichnet sich auch als Optikerstadt im Havelland und weist damit auf seinen besonderen Beitrag zur Entstehung der Optischen Industrie in Deutschland hin. Der Theologe Johann Heinrich August Duncker beschäftigte sich mit Optik und Glasschleiferei und entwickelte Lupen, Mikroskope und Brillen. 1801 ließ sich seine Linsen-Vielschleifmaschine patentieren und legte mit seiner Firma den Grundstein einer bis in die Gegenwart erfolgreichen Industrie, deren Entwicklung das ansässige Optikmuseum dokumentiert. Auch die BUGA zollt dieser Tradition Respekt und übernimmt das Motto „Weitsicht" für die Rathenower BUGA-Anlagen Optikpark und Weinberg.

Historisch blickt Rathenow als strategisch günstig gelegener Havelübergang auf eine sehr lange Geschichte zurück und gehört zu den Städten, denen kein mögliches Schicksal erspart blieb: Dem letzten Krieg gingen andere voraus, die die Stadt zerstörten, plünderten und zugrunde richteten. Das Raubrittertum der Quitzows knebelte um 1500 die Stadt, bevor die Kurfürsten dem ein Ende setzten. Hochwasserkatastrophen und Brände zerstörten die Häuser, Pestepidemien und Kriege reduzierten die Bevölkerung, die zwischen 1540 und 1648 in dramatischer Weise zurückging. Während der Zeit davor und danach war die Havel eine Hauptverkehrsstraße für den Güter- und Personenverkehr und Rathenow seit uralten Zeiten ein Kreuzungspunkt alter Landwege über die Havel hinweg. Deshalb ergaben sich Handelsmöglichkeiten, wurde eine Schleuse für den Schiffsverkehr und damit wieder wirtschaftliche Potentiale, wie zum Beispiel Brückengeld, Deichselpfennig oder Schleusengebühr geschaffen.

Das heutige Stadtzentrum bildet ein buntes Gemisch verschiedenster Baustile aus den unterschiedlichen Epochen, da die Stadt im letzten Krieg zu 70% zerstört wurde. Typisch und sehenswert ist auch die Havel, die den alten Kern der Stadt mit mehreren Armen umschließt und mit den dortigen Parks, insbesondere auch dem Bismarckturm, den Havelschleusen, Wehren und dem Bereich des Hafens einen günstigen Ausgangspunkt für viele Freizeitaktivitäten in der Natur der Umgebung bildet.

Im August 2013 wurden 600 Seerosen- und Lotuspflanzen in den Karpfenteich gesetzt. Leider erblühen sie erst ab Juni 2015, so dass uns dieses Luftbild nur eine grobe Vorstellung von den blütenbedeckten 2.500 Quadratmetern vermitteln kann.

Die neue Brücke verbindet mit großer Geste die beiden Havelufer und BUGA-Anlagen Optikpark und Weinberg. Sie ist mit ihren 360 Metern Länge das größte Bauwerk zur BUGA 2015.

Schleuse Grütz bei Schollene

Kirche Molkenberg

Molkenberg

In Strodehne treffen sich zwei Havelarme.

Vehlgast

Naturschutzgebiet Stremel

Havel-berg

Der weithin sichtbare Dom belegt die lange Geschichte und frühe Bedeutung Havelbergs, denn gleichzeitig mit der Bistumsgründung in Brandenburg wurde im Rahmen der Ostkolonisation seitens der Deutschen Kaiser auch in Havelberg im Jahre 948 ein Missionsbistum gegründet. Die Region war slawisches Siedlungsgebiet und blieb es bis ins 12. Jahrhundert. Die neuen Machthaber festigten ihre Vorherrschaft mit einem Bischofssitz und der Errichtung eines Domes, der gleichzeitig eine Verteidigungsfunktion erfüllen sollte. Dabei nutzte der Dom seine Höhenlage sowohl als Verteidigungsvorteil, als auch für die weithin sichtbare Signalwirkung einer neuen Zeit. Mit seiner bedrohlichen Ziegelfassade lässt er erkennen, dass der Bau anfangs wohl mehr war als ein Gotteshaus. Der bis heute komplett erhaltene Klostergebäudekomplex und die sehr reiche Innenausstattung des Domes überraschen jeden Besucher.

Gleichzeitig erbaute man am Fuße des Berges auf einer Landzunge an einer Flussschleife die Stadtanlage. Weil dieser Platz nicht ausreichte, entstanden auf der gegenüberliegenden Uferseite sowie direkt um den Dom herum zusätzliche Siedlungsflächen. 1151 erhielt Havelberg mit seinen drei Stadtteilen das Stadtrecht. Geprägt war Havelberg von Handel und Kaufleuten, eine Hansestadt mit Hafen und Werft, aber auch mit Fischerei, Handwerk und Landwirtschaft in der Umgebung. Bis in die Gegenwart blieb diese Mischung erhalten und wird erst heute durch den Tourismus abgelöst. Die landseitig abgelegene Lage Havelbergs bewirkte, dass seit dem Mittelalter bis in die Gegenwart die dominanten Ereignisse wie Kriege und Interessenskonflikte nur wenig Einfluss zeigten und das geschlossene Bild eines mittelalterlichen Altstadtensembles auf dieser Havelinsel erhalten geblieben ist. Seit der Jahrtausendwende fanden zudem erhebliche Restaurierungen und behutsame Erneuerungen statt, so dass die Altstadt auf der Insel mit Markt, kleinen Geschäftsstraßen, kleinen Restaurants und historischen Gebäuden zum beschaulichen Bummeln einlädt, zumal der Autoverkehr am Inselrand um die Altstadt herum geleitet wird. Der zweite Altstadtteil besteht im Wesentlichen aus dem Dom, einer Aussichtsplattform und ebenfalls idyllischen Restaurants.

Die Hanse- und Domstadt Havelberg am Zusammenfluss von Elbe und Havel bildet den nördlichen Auftakt der BUGA 2015. Die Kirche St. Laurentius, am Markt auf der Stadtinsel gelegen, ist mit ihrem gotischen Backsteinbau aus dem 14. Jahrhundert eine einmalige Kulisse für die opulenten Blumenhallenschauen. Ein weiterer 3,9 ha großer Ausstellungsbereich ist der Dombezirk um St. Marien mit dem alten Domfriedhof am erhöhten Ufer der Havel. (Am linken Bildrand ist außerdem die BUGA-Baustelle für das Haus der Flüsse erkennbar.)

KIEBITZBERG

Stadtkirche St. Laurentius

Die Havel bei Nitzow, nördlich von Havelberg.

Die Havelmündung bei Gnevsdorf

Die Havel teilt sich kurz vor der Mündung an der Wehranlage Quitzöbel in den Gnevsdorfer Vorfluter (links) und den Verbindungsgraben Wehr Neuwerben.

Abschied von der Havel

Noch ein letztes Mal schlängelt sich die Havel durch das flache Land, bevor ihre Reise mit der Mündung in die Elbe endet.

Wir erlebten einen atemberaubenden Flug durch die Lüfte über einer Landschaft, die vielen auf dem Wasser, auf dem Land oder als Heimat bekannt ist. Einige kannten die Schönheiten der Havel seit langer Zeit, wenige haben jedoch ihre Faszination auch aus der Perspektive dieser Bilder empfinden können. Lückenlos gelang die Luftreise entlang der Havel von ihrem ungewöhnlichen Ursprung, durch abwechslungsreiche Landschaften, turbulente Städte und Gebiete völliger Ruhe und Abgeschiedenheit. Die Havel verabschiedet sich hier und die Autoren dieses Buches schließen sich etwas wehmütig, aber mit guten Wünschen für Ihre Freude an diesem Bildband an.

Die Menge der Naturerlebnisse, der Kultur und Sehenswürdigkeiten füllt eigene Bände. Der Reiseführer „Die Havel" des Trescher-Verlages hilft mit einer Zusammenstellung aller wichtigen Informationen, ein eigenes Erleben der Faszination dieses Fluss zu gestalten.

Das Liebesgedicht von Theodor Fontane eröffnete die Reise – eine anderer Gedanke von ihm soll den Schluss bilden:

„Das Stückchen Erde, das sie umspannt, unser Havelland, ist die Stätte ältester Kultur in diesen Landen. Hier entstanden, hart am Ufer des Flusses hin, die alten Bistümer Brandenburg und Havelberg. Und wie die älteste Kultur hier geboren wurde, so auch die neueste. Von Potsdam wurde Preußen aufgebaut, von Sanssouci durchleuchtet. Die Havel darf sich einreihen in die Zahl deutscher Kulturströme."

IMPRESSUM

© K4Verlag | Dresden

Fotografie: Peter Schubert
Manfred Reschke
(Seite 13 | Seite 109)
Texte: Manfred Reschke

Alle Rechte vorbehalten.
1. Auflage 2015
ISBN 978-3-941977-61-7

Verlagsinformation
www.k4verlag.de

Ebenfalls im K4Verlag erschienen ...

144 Seiten | ISBN 978-3-941977-68-6 | 18,90 EUR

128 Seiten | ISBN 978-3-941977-67-9 | 18,90 EUR

224 Seiten | ISBN 978-3-941977-09-9 | 39,80 EUR

224 Seiten | ISBN 978-3-941977-55-6 | 29,90 EUR

144 Seiten | ISBN 978-3-941977-32-7 | 19,90 Euro

128 Seiten | ISBN 978-3-941977-33-4 | 18,90 Euro

Leipzig | ISBN 978-3-941977-75-4 | 21,90 Euro

96 Seiten | ISBN 978-3-941977-36-5 | 16,90 Euro

108 Seiten | ISBN 978-3-941977-34-1 | 17,90 Euro

96 Seiten | ISBN 978-3-941977-35-8 | 16,90 Euro

96 Seiten | ISBN 978-3-941977-31-0 | 16,90 EUR

108 Seiten | ISBN 978-3-941977-37-2 | 18,90 EUR

240 Seiten | ISBN 978-3-941977-07-5 | 29,95 EUR

Contes
amb animals

C/ Campezo, s/n - 28022 Madrid
Tel.: 913 009 115 - Fax: 913 009 110

Contes
amb animals

TODOLIBRO

El gat amb botes

El gat amb botes

de Charles Perrault

Hi havia una vegada un moliner molt pobre que tenia tres fills. El gran i el mitjà eren mandrosos i el més petit era molt treballador.

Quan el moliner va morir, només va deixar en herència el molí, l'ase i un gat. El molí va ser per al gran, l'ase per al segon i tota l'herència del petit consistia en un gat a qui havia salvat de ser ofegat pels seus germans.

Els dos germans grans es varen vendre el molí i l'ase, i al cap de poc ja s'havien gastat tots els diners.

Mentrestant, el més petit no sabia què fer.

«Què serà de mi? L'únic que tinc en el món és aquest gat», es deia.

Aquests pensaments foren interromputs per unes paraules que varen sorprendre el noi:

—No et capfiquis, bon amo. Et tornaré multiplicat tot el que has fet per mi.

—Només cal que em donis un sac i un parell de botes i aconseguiré que siguis el més afortunat dels homes.

—Tinc els diners justos per comprar-te un sac i un parell de botes —acceptà el noi.

Quan el gat va posar-se les botes, l'amo va dir-li rient:

—A partir d'ara et diré el Gat amb Botes.

El gat va acomiadar-se amb una reverència i s'endinsà al bosc, amb el sac a l'esquena. Va fer una trampa amb el sac i va esperar-se. No va trigar gaire estona a caure-hi un conill encuriosit. El gat va agafar-lo i se l'endugué al palau del rei.

—Aquest exquisit conill és un regal per a sa majestat del marquès de Carabàs —va anunciar el gat.

—Mai no havia sentit parlar del marquès de Carabàs, però el conill és el meu plat preferit —va dir el rei.

L'endemà, el gat va caçar dues guatlles i també va dur-les a palau.

—Us porto aquestes dues guatlles de part del meu amo, el marquès de Carabàs.

—M'encanten les guatlles —acceptà el rei, complagut—. Dóna les gràcies de part meva al marquès de Carabàs.

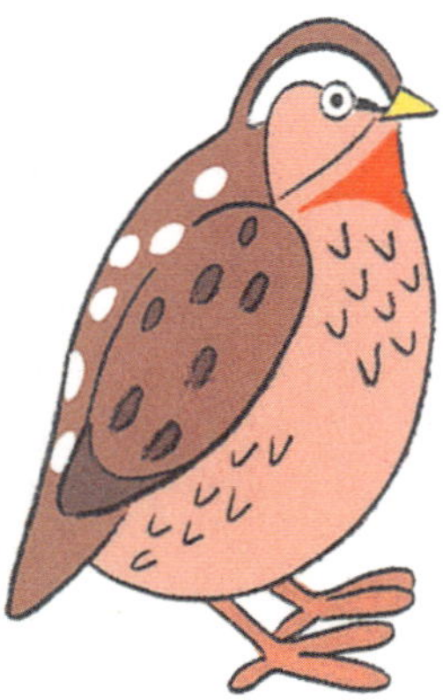

Un dia, el gat va proposar a l'amo que anessin a banyar-se al riu. Un cop allà, va dir-li:

—A partir d'ara, el teu nom serà el de marquès de Carabàs. Si us plau, treu-te la roba i fica't al riu.

L'amo no sabia què volia fer el gat, però confiava en el seu amic i va fer el que li havia demanat.

Aleshores el gat va començar a cridar amb tota la seva força:

—Auxili! Auxili! El meu amo, el marquès de Carabàs, s'ofega! Auxili! Salveu-lo, si us plau!

En aquell precís instant, el rei i la seva filla passejaven per allà amb la carrossa, tal com havia sentit dir el gat que farien.

—Cuita, salveu el marquès de Carabàs, que ha estat tan amable amb mi! —va ordenar el rei.

Quan els lacais varen treure el jove del riu, el gat xiuxiuejà a l'orella del rei:

—El meu amo ha perdut la roba.

El rei va ordenar que li donessin roba adequada a la dignitat d'un marquès.

La filla del rei, en veure'l tan ben plantat i vestit amb tanta elegància, va enamorar-se d'ell a l'instant.

El rei va convidar el fals marquès a pujar a la carrossa.

—¿Voldria fer-nos sa majestat l'honor de visitar el palau del marquès de Carabàs? —va convidar-lo el Gat amb Botes.

El rei va acceptar la invitació i el gat va avançar-se a la comitiva. A tots els pagesos que es trobava els deia:

—Bona gent, el rei ve cap aquí. Quan us pregunti a qui pertanyen aquestes terres, heu de dir-li que són del marquès de Carabàs. Si no responeu això, el rei us farà tallar el cap.

Més endavant, el gat va trobar-se un pastor, i li va ordenar que contestés el mateix que els altres.

El rei va arribar al cap de poc i va preguntar:

—Digues, de qui són aquells xais?

—Del meu amo, el marquès de Carabàs, majestat —va contestar el pastor.

«Aquest marquès deu ser realment molt ric i poderós», va pensar el rei, complagut.

El marquès de Carabàs no tenia ni idea de què passava.

Mentrestant, el Gat amb Botes va arribar al castell d'un ogre temut a tota la regió, que era el veritable amo de les terres per on acabaven de passar. El gat va fer una profunda reverència davant l'ogre.

—Em sento molt honorat de ser davant l'home més poderós del món. El motiu de la meva visita és avisar-vos que expliquen mentides de vós, senyor —va dir el gat a l'ogre.

—Què diuen de mi? —va voler saber l'ogre.

—Diuen que ja sou massa vell per poder fer ús de la màgia.

Aquestes paraules varen enfurismar l'ogre.

—He sentit dir que podeu convertir-vos en un lleó. És veritat que encara podeu fer-ho? —va preguntar-li el gat.

—Mira-ho tu mateix —va respondre l'ogre, que a l'instant s'havia convertit en un ferotge lleó que grunyia a dos pams del gat.

El gat tremolava de por, però va fer el cor fort i digué:

—També he sentit dir que podeu convertir-vos en una cosa insignificant com un ratolí, i això sí que és impossible, tan gran i poderós com sou.

—Impossible? —bramà l'ogre—. Convertir-me en un ratolí és el més fàcil de món.

A l'instant, un indefens ratolí xisclava davant del gat.

Sense perdre ni un moment, el Gata amb Botes va llançar-se al damunt del ratolí se'l va empassar d'una mossegada. I aquesta fou la fi de l'ogre.

Al cap d'una estona, la carrossa reial va arribar a la porta del castell. El gat va afanyar-se a sortir a rebre'ls.

—Benvingut al castell del marquès de Carabàs, majestat. Si us plau, entreu a la nostra humil llar.

—Som-hi doncs —va dir el rei, impressionat—. També és teu aquest castell, marquès?

—Mai no havia vist un lloc tan sumptuós! —va exclamar la princesa, bocabadada.

El rei, que no podia desitjar res millor per a la seva filla, al cap de poc va parlar amb el marquès de Carabàs:

—Tinc l'honor d'oferir-te la mà de la meva filla, perquè els nostres llaços s'enforteixin per sempre.

«Dec estar somniant?», va preguntar-se el jove moliner. Però de seguida va respondre:

—És un immens honor per a mi acceptar-la.

El casament va celebrar-se pocs dies després.

El Gat amb Botes havia aconseguit el que es proposava. El marquès de Carabàs, per agrair-li tots els seus favors, va quedar-se el gat i visqueren feliços per sempre.

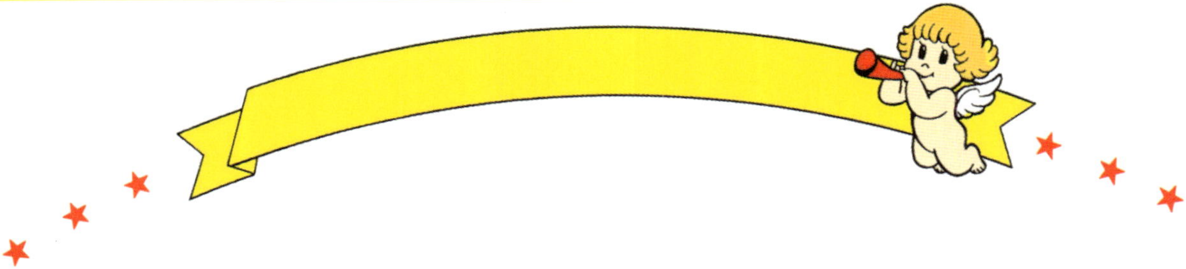

El gat amb botes

El Gat amb Botes és un dels meravellosos contes tradicionals que va recopilar i popularitzar l'escriptor francès Charles Perrault en els seus *Contes d'antany*, publicats el 1697.

La Ventafocs

La Ventafocs

de Charles Perrault

Hi havia una vegada una nena preciosa a qui els seus pares estimaven molt.

Però va succeir una cosa terrible que li va enterbolir la felicitat: la seva mare va posar-se malalta i al cap de poc morí, i el pare i la filla es quedaren en la tristesa més profunda.

Tal era el sentiment de la nena, que el pare va decidir tornar a casar-se per donar-li una altra mare.

La madrastra va dur a casa les seves dues filles. Poc després, el pare va haver d'anar-se'n a fer un viatge molt llarg, i aleshores la nena s'adonà que cada dia la tractaven pitjor.

Finalment, li varen prendre tots els bonics vestits que tenia, i només li varen deixar uns quants parracs vells, i la feien treballar des de l'alba fins a la nit.

Fins i tot el menjar varen començaren a racionar-li: li donaven per tot àpat un rosegó de pa i uns quants pèsols, que li tiraven a la cendra de la llar de foc, i ella havia d'embrutar-se per recollir-ho.

—Au, aquí tens els teus pèsols! Recull-los i menja-te'ls! —li deia la cruel madrastra rient.

Com que sempre la tractaven malament li feien ventar el foc per encendre'l, varen començar a dir-li la Ventafocs.

La Ventafocs pensava que la seva sort no podia ser pitjor, però s'equivocava: un dia va arribar la notícia que el seu pare havia mort durant el viatge.

La madrastra no va dubtar aleshores de treure-la del seu propi llit i fer-la anar a dormir a les golfes.

Una dia va arribar de palau una invitació perquè tota la família anés al ball que se celebraria en honor del príncep.

Les germanastres varen atabalar-se molt. Es varen passar el dia cloquejant quin vestit, quines joies o quines sabates es posarien. La madrastra va llençar la invitació de la Ventafocs sense cap mirament, i va dir:

—És una llàstima que no puguis anar a un ball tan important perquè no tens res per posar-te.

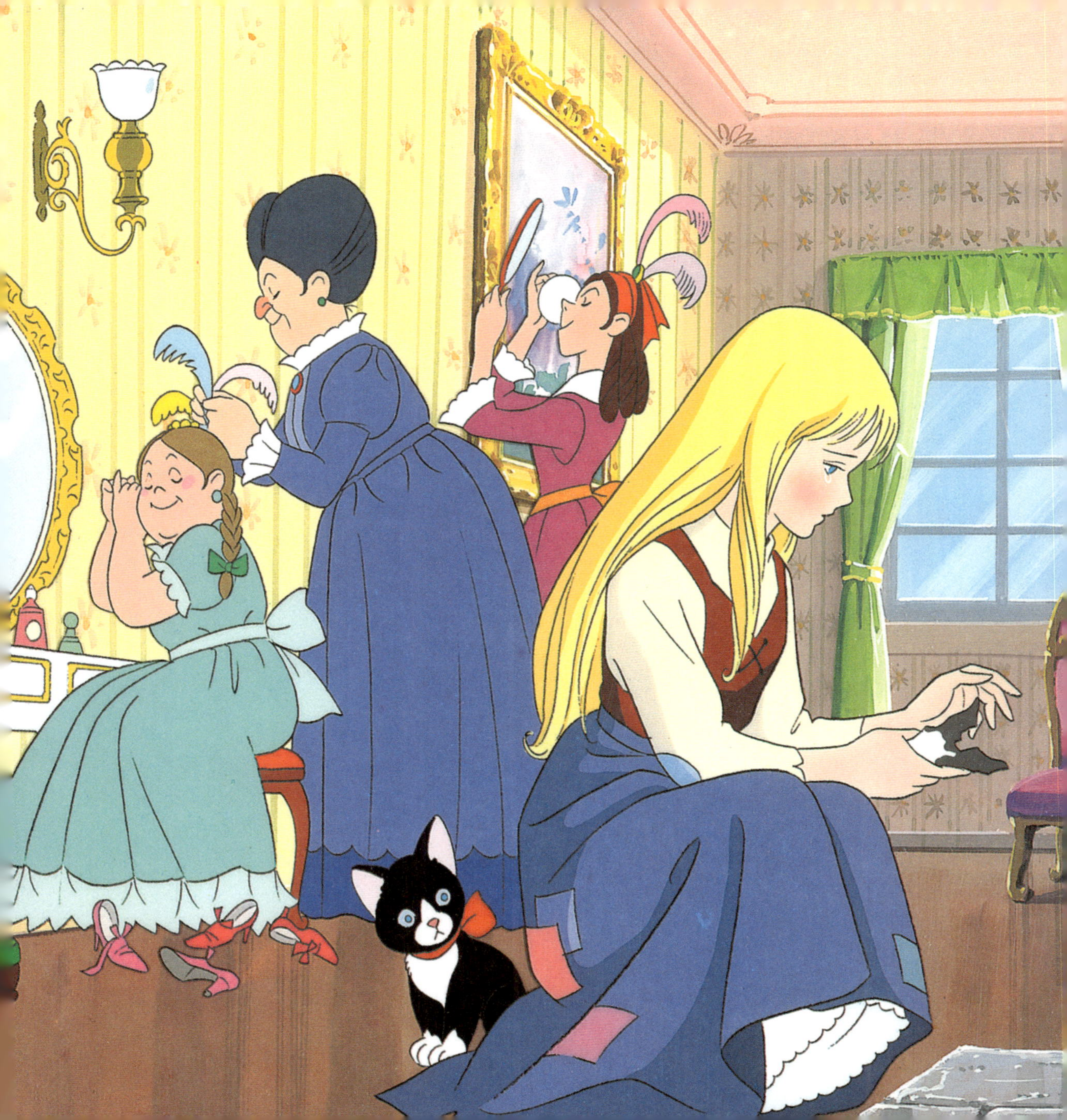

Va arribar el dia del ball, i les germanastres sortiren de casa amb els vestits més cars i enfarfegats. En quedar-se sola, la Ventafocs va posar-se a plorar:

—Ja sé que no puc anar al ball vestida així, però m'agradaria tant ser-hi!

Els seus amics, el gat i el ratolí, varen acostar-se-li poc a poc per consolar-la. L'expressió de les caretes li deia: «No estàs sola.»

Tots tres es varen sobresaltar en sentir una dolça veu:

—No ploris més, Ventafocs!

La noia va alçar els ulls plorosos i va trobar-se al costat la fada padrina.

—Ventafocs, no et perdràs el ball.

La fada va agafar la noia de la mà i totes dues anaren a l'hort de la casa, on hi havia unes carabasses grossíssimes. Amb la vareta màgica va assenyalar la més grossa de totes i, davant dels ulls astorats de la Ventafocs, va convertir-la en una carrossa d'or. Va transformar quatre ratolins en cavalls poderosos, i dos llangardaixos en cotxers.

La Ventafocs va agrair-li-ho de cor:

—Tot això és meravellós, però encara que arribi amb la millor carrossa del món, no puc presentar-me al ball d'aquesta manera.

—Però, criatura: mira't!

Els parracs s'havien convertit en un preciós vestit de princesa. La Ventafocs va posar-se a ballar d'alegria, tot i que les sabates que duia eren una mica dures: estaven fetes del cristall més fi.

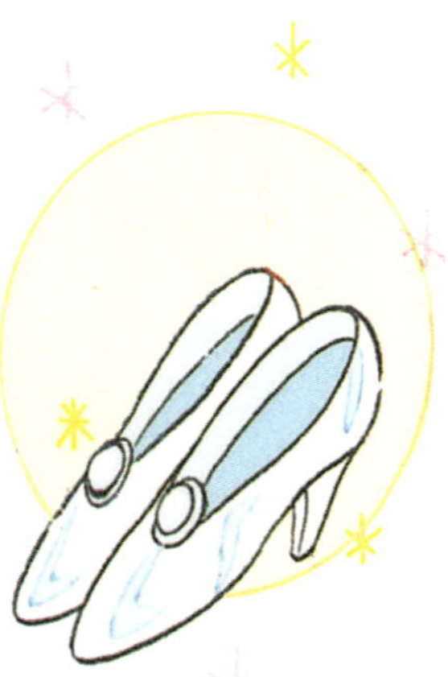

—Recorda't —va dir-li la fada quan anava a marxar— que has d'anar-te'n del ball abans que el rellotge toqui les dotze campanades, perquè aleshores es desfarà l'encanteri i el teu vestit es tornarà a convertir en parracs i la carrossa en carabassa.

—T'ho prometo —va respondre la Ventafocs, i va ordenar als cotxers que s'encaminessin a palau.

Quan varen arribar a la porta, el ball era a punt de començar. La Ventafocs no podia creure la seva bona sort.

Quan la Ventafocs va fer la seva entrada a la sala del ball, totes les mirades es dirigiren cap a ella.

—Qui deu ser? —xafardejaven els cortesans.

El príncep, sense fer cas de les murmuracions, va obrir-se pas fins a la noia, li féu una reverència i li va preguntar:

—Seríeu tan amable de concedir-me aquest ball?

I la Ventafocs i el príncep varen ballar amb els acords del vals que obria la festa.

Al quart ball, les germanastres ja bufaven enfadades:

—El príncep no té altra parella de ball que aquella princesa!

Com podien imaginar-se que aquella «princesa» era la Ventafocs?

El príncep i la Ventafocs estaven tan feliços, que es varen oblidar de l'hora. De cop i volta, la Ventafocs va sentir que el rellotge tocava la primera de les dotze campanades.

—He d'anar-me'n, majestat! Ha estat meravellós!

La Ventafocs sabia que amb la darrera campanada es desfaria l'encanteri, i va sortir de la sala i va arrencar a córrer escales avall. El príncep va seguir-la, però no la va poder atrapar. L'únic que va quedar de la Ventafocs fou una sabateta de cristall, que havia perdut en baixar corrents per l'escala.

La Ventafocs ja era lluny quan va sonar la darrere campanada i la màgia s'esvaní.

Un altre cop amb els parracs vells, la Ventafocs estava contenta com un gínjol.

«Gràcies, fada padrina, ha estat meravellós!»

Mentrestant, a palau, el príncep tenia la sabateta de vidre agafada amb força i es deia:

—No pararé fins que trobi la propietària d'aquesta sabata, sigui on sigui.

L'endemà al matí, el príncep va ordenar a tots els seus vassalls que busquessin la noia a qui la sabateta anés bé. Els missatgers reials varen recórrer el regne emprovant la sabata a totes les donzelles, però no varen trobar-ne la propietària: la sabata era tan petita, que les noies amb prou feines si podien posar-hi els dits.

Arribaren a casa de la Ventafocs. Les dues germanes suportaren debades els dolors més cruels perquè els entrés la sabateta. Finalment, el missatger demanà a la Ventafocs que se l'emprovés. Les germanes van riure:

—Quina barbaritat! Com li ha d'anar bé, si tan sols és una serventa?

Però el peu va entrar en la sabateta.

—Aquí tenim la princesa que buscàvem!

Abans que l'home hagués acabat de pronunciar aquestes paraules, va aparèixer la fada padrina i tocà la Ventafocs amb la vareta màgica.

La roba que duia es va convertir en un vestit de núvia, blanc com la neu.

—Aquest vestit no desapareixerà a les dotze de la nit —va assegurar-li la fada.

Varen dur la Ventafocs a palau, on el rei la rebé emocionat.

El casament, que es va celebrar al cap de poc, fou festejat per tots els habitants del regne. La Ventafocs aviat va oblidar el seu passat i visqueren feliços per a sempre.

La Ventafocs

La Ventafocs és un dels meravellosos contes tradicionals que va recopilar i popularitzar l'escriptor francès Charles Perrault en els seus *Contes d'antany*, publicats el 1697. L'òpera i el ballet de Rossini estan basats en aquesta romàntica història.

El mag
d'Oz

El mag d'Oz

de L. Frank Baum

La Maria vivia a les immenses planes de Kansas amb l'oncle Enric i la tieta Emma. L'orfeneta passava gairebé tot el temps jugant amb el seu gos Totó.

Un dia varen anunciar un tornado. L'oncle Enric va arrecerar tota la família al soterrani, però la Maria va sortir a buscar el gosset Totó. Finalment va trobar-lo amagat sota un llit.

El tornado avançava.

—Auxili! —va cridar la Maria mentre el Totó bordava, espantat.

Les parets varen començar a tremolar i la casa volà per l'aire tot fent voltes.

La casa va enlairar-se pel cel; després començà a caure ràpidament, i xocà contra terra amb un gran terrabastall. La Maria va obrir la porta i va fer un crit de sorpresa en descobrir un magnífic espectacle. El cel era de color rosa i arreu s'obrien unes flors boniques i perfumades.

—Benvinguts al País d'Oz! —va dir una veu—. T'estem molt agraïts que hagis acabat amb la bruixa de l'Est!

Qui havia parlat així era la bruixa bona del Nord, i amb la vareta màgica va assenyalar els dos peus de la seva enemiga, que sobresortien de sota la casa.

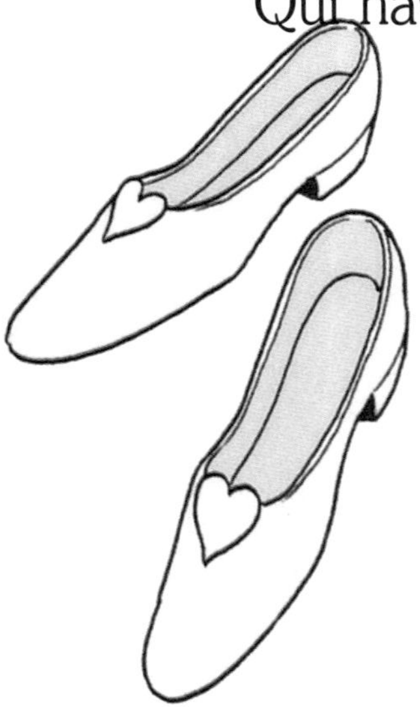

La Maria va demanar-li que li digués quin era el camí per tornar a Kansas. La bruixa bona va aconsellar-li que es posés les sabates de la bruixa de l'Est, i va afegir:

—Només has de seguir el camí de rajoles grogues fins que trobis la ciutat maragda. Allà trobaràs el Mag d'Oz. Ell t'ajudarà!

La Maria va acomiadar-se i es posà en camí acompanyada del Totó. Al cap de poc va trobar-se un espantaocells que protegia un camp de panís.

—Que desgraciat que sóc! —va dir-li l'espantall—. Fins i tot els corbs es riuen de mi perquè no tinc cervell!

—Vine amb nosaltres! —va proposar-li la Maria—. Potser el Mag d'Oz podrà ajudar-te.

I varen posar-se en camí, seguint sempre la ruta de les rajoles grogues.

Travessaven un bosc quan varen ensopegar amb un llenyataire al costat d'un arbre a mig tallar.

Era l'home de llauna, i tenia una destral a les mans, però no podia moure's perquè estava rovellat. La Maria va posar-li una mica d'oli i l'home començà a bellugar-se.

—Moltes gràcies! —va poder dir finalment—.M'agradaria tant tenir un cor com el teu! La bruixa dolenta va endur-se el meu i em va convertir en un home de llauna.

—Vine amb nosaltres! —va animar-lo la Maria—. Potser el Mag d'Oz podrà ajudar-te.

I tots plegats s'encaminaren a la ciutat maragda.

De cop i volta, varen sentir un ferotge rugit, i d'entre la brolla va sortir un lleó que va intentar mossegar el gosset. Enfadada, la Maria va començar a pegar-li mentre l'escridassava:

—¿No te'n dones vergonya, d'atacar així un gos indefens?

Sorpresa, va veure com el lleó es posava a plorar.

—No em facis mal! Sóc un pobre lleó covard! —va confessar.

—M'agradaria tant ser valent! —va afegir.

——Vine amb nosaltres! —va animar-lo la Maria—. Potser el Mag d'Oz podrà ajudar-te.

I junts seguiren el camí de rajoles grogues. Varen arribar a un barranc molt profund. Per travessar-lo, l'espantaocells va proposar de tallar un tronc gruixut i repenjar-lo a l'altra banda.

L'home de llauna estava tallant l'arbre amb la destral quan varen sentir un rugit terrible darrere d'ells. En tombar-se, varen veure un estrany animal amb cap de tigre i cos d'ós.

—És en Kalidah! —va cridar el lleó—. Fugim!

En aquell moment, l'arbre va caure i quedà travessat damunt del barranc.

Tots varen passar corrents pel pont improvisat, però en Kalidah tampoc no volia quedar-se enrere.

—Jo m'encarregaré d'ell! —va rugir el lleó. I va ordenar a l'home de llauna—: Clava uns quants cops de destral a la punta de l'arbre!

El lleó va enfrontar-se valerosament a la bèstia, i quan l'arbre va caure, ell ja era sa i estalvi a l'altra banda mentre en Kalidah queia al barranc.

Els cansats viatgers varen arribar finalment a la ciutat maragda. Allà tot era d'un verd enlluernador.

—Volem veure el Mag d'Oz —anuncià la Maria al guardià.

Estranyat de veure unes sabates de plata als peus d'una nena, l'home va exclamar:

—Tu deus ser la Maria, la nena que ha acabat amb la bruixa dolenta! Podeu passar. Però abans poseu-vos aquestes ulleres, us protegiran de la resplendor de les maragdes.

Al saló del tron, la Maria i els seus amics varen veure un cap enorme que els mirava fixament.

—Jo sóc Oz! El gran i terrible Mag d'Oz!

—Jo sóc la Maria! La petita i dolça Maria! Us prego que m'indiqueu el camí per tornar a casa!

—Jo voldria que em concedíssiu un cervell! —va demanar l'espantaocells.

—A mi m'agradaria que em donéssiu un cor! —afegí l'home de llauna.

—Jo només us demano una mica de valor! —acabà el lleó.

Però Oz va respondre:

—Només us ajudaré si acabeu amb la malvada bruixa de l'Oest!

OZ
OZ

En sentir aquestes paraules, la Maria i els seus amics es quedaren molt decebuts. ¿Però quina altra cosa podien fer sinó anar a buscar la bruixa? El que ells no sabien era que la malvada bruixa ja havia ordenat als seus micos voladors que els capturessin.

Milers de simis van llançar-se'ls al damunt, varen treure-li palla a l'espantaocells, varen lligar el lleó amb cordes i varen tirar l'home de llauna contra unes roques. Després varen dur la Maria davant de la bruixa.

—Treu-te aquestes sabates de plata! —va ordenar-li la bruixa.

—Mai! —va contestar la Maria.

La bruixa sabia que si provava de treure-li les sabates a la força, es cremaria els dits. De manera que va decidir convertir la Maria en la seva criada, i l'obligava a treballar des de l'alba fins a la nit.

Un dia, la bruixa va clavar una empenta a la Maria i li va fer perdre una sabata. Enfurismada, la nena va llençar una galleda d'aigua damunt de la bruixa, sense saber que la bruixa no podia suportar l'aigua.

Amb un terrible crit, la bruixa quedà convertida en un bassal d'aigua.

La Maria i els seus amics varen anar un altre cop a la ciutat maragda per parlar amb Oz.

—Us he de confessar que no sóc cap mag! —va dir-los—. He creat aquest cap enorme per fer-lo passar pel gran Oz.

Tot i això, va donar un cervell fet de segó a l'espantaocells. L'home de llauna va rebre un cor de serradures, i el lleó covard, una poció destinada a tornar-li el valor.

—Puc pensar! —va dir el primer.

—Ja tinc un cor! —sospirà el segon.

—He recuperat el valor! —rugí l'últim.

BRAVERY

La Maria es pensava que el Mag d'Oz li concediria el seu desig, però el cert és que no sabia com indicar-li el camí per tornar. La nena estava molt trista davant la idea de no tornar mai més a casa, quan aparegué la bruixa del Nord.

—Pots tornar a casa quan vulguis! Només has de fer repicar tres vegades les sabates de plata i desitjar ser a casa —va explicar-li.

La Maria va obeir i immediatament començà a girar sobre si mateixa com un tornado. Al cap de poc tornava a ser a Kansas.

—Oncle Enric! Tieta Emma! Ja sóc a casa! —va cridar mentre corria a abraçar-los.

El mag d'Oz

El nord-americà L. Frank Baum fou un home polifacètic: comerciant, granger, editor de diari i autor i director teatral. L'any 1900 va publicar *El Mag d'Oz,* que de seguida va gaudir d'èxit i que fou seguit de nombroses versions en teatre i en cinema.

Alícia al País
de les Meravelles

Alícia al País de les Meravelles

de Lewis Carroll

Un matí bonic i assolellat, l'Alícia, a l'ombra d'un arbre, escoltava el conte que li explicava la seva germana. Ja començava a avorrir-se quan un Conill Blanc va passar corrent molt a la vora.

—Faig tard! Faig tard! —es queixava mentre mirava el rellotge de butxaca.

—Senyor Conill, esperi'm! —va cridar-li l'Alícia, i va arrencar a córrer darrere seu.

El Conill va entrar en un cau d'un salt, i la nena va seguir-lo.

Però l'Alícia no comptava que aquell forat fos tan profund. Va notar que queia en un pou que no s'acabava mai.

«Dec estar caient al centre de la terra», va pensar.

Trigava tant a acabar de caure, que pel camí va tenir temps de veure mil objectes curiosos posats en prestatges que descendien al mateix temps que ella: mapes, llibres, ninots...

«Sigui quin sigui el país que em rebi, he d'estar presentable per saludar els seus habitants», va dir-se, i agafà un mirall i un raspall de cabells que queien al seu costat.

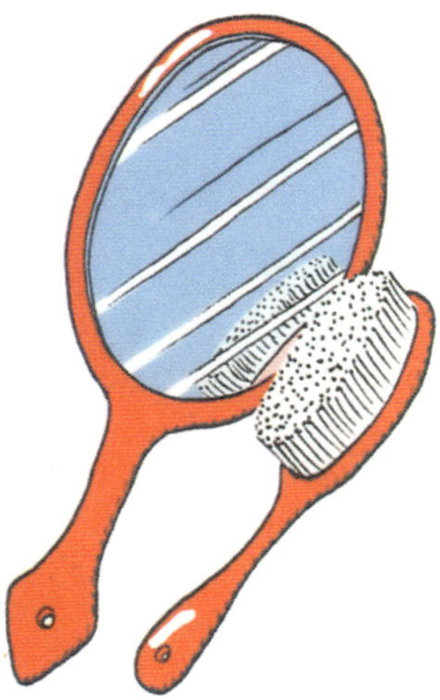

Alice's

Quan va arribar al final, l'Alícia va trobar-se enmig d'una sala. El Conill Blanc va passar corrent per davant d'ella i desaparegué darrere una porteta. L'Alícia també va voler passar per allà. Va agafar una clau que hi havia damunt d'una taula i va aconseguir obrir la porta, però o bé l'Alícia era massa gran o la porta massa petita!

L'Alícia va posar-se a plorar. Faria tard per al berenar... Aleshores va fixar-se en una ampolleta amb una etiqueta que deia «Beu-me». Va destapar-la i tot just havia begut que va començar a fer-se més i més petita; tan petita, que va estar a punt d'ofegar-se al bassal que havien creat les seves pròpies llàgrimes.

BEU-ME!

En aquest llac improvisat, l'Alícia va conèixer uns estranys animals: un Dodò, un Ànec i un Ratolí, que varen saludar-la i després nedaren al seu costat. Finalment, tots plegats varen arribar a la vora del llac i organitzaren una cursa per eixugar-se.

Un cop més, el Conill Blanc va passar corrent pel costat amb aire preocupat.

—Ai, Senyor! La Duquessa! Em farà tallar el cap!

I aleshores ordenà a l'Alícia:

—Ves corrents a casa i porta'm el ventall i els guants!

L'Alícia va espantar-se tant, que va arrencar a córrer cap on li assenyalava el Conill. Va arribar a una caseta preciosa, va entrar sense trucar a la porta i va trobar-se una altra ampolleta que deia: «Beu-me». Tot just n'havia fet un glopet quan l'Alícia va notar que començava a créixer, i créixer... Tant, que de seguida va topar contra el sostre!

En mirar per una finestra, l'Alícia va veure el Conill Blanc i d'altres animalons que arrossegaven un carro ple de pedres. Quan el Conill donà l'ordre, tots varen començar a tirar pedres contra l'Alícia.

—Ai, Senyor! —va cridar, espantada. Però, sorpresa, va veure que les pedres es transformaven en pastissos.

L'Alícia va menjar-se'n un bocí i, com la primera vegada, va començar a fer-se més i més petita...

Encara més menuda del que era normalment!

D'aquesta manera, l'Alícia va poder sortir fàcilment de la casa del Conill Blanc. Però a fora l'esperava un gos que bordava furiosament i que li va semblar enorme. Terroritzada, la pobra Alícia va començar a córrer. Una mica més endavant, va trobar-se un gat de Cheshire, que li somreia enfilat en una branca d'arbre.

—No et riguis de mi! —va dir-li l'Alícia—. Podries indicar-me el camí que ha seguit el Conill Blanc?

—Pregunta-ho al Barreter Boig i a la Llebre de Març —va respondre el gat.

L'Alícia va agafar el camí que el gat li havia indicat amb la cua.

De seguida va sentir veus i es trobà el Barreter Boig i la Llebre de Març, asseguts davant una llarga taula mentre prenien el te en companyia del Liró. Quan l'Alícia va preguntar-los pel Conill Blanc, el Barreter va exclamar:

—Una pregunta interessant! Vol compartir amb nosaltres una tassa de te i una mica de pastís?

Damunt de la taula, l'Alícia només va veure tasses i platets buits. Va saludar educadament els dos guillats i fugí corrents.

In this Style 10/6

L'Alícia va arribar al meravellós jardí. Va sentir algú que anunciava:

—Sa Majestat la Reina!

La Reina de Cors féu la seva entrada.

Quina aspecte tan amenaçador que tenia! Reunint tot el seu valor, l'Alícia va preguntar-li:

—Majestat, podríeu indicar-me el camí per tornar a casa?

—Em sembla que valdrà més que vagis a veure el Griu! —grunyí la Reina.

Va trobar el Griu a la platja. Quan l'Alícia va fer-li la pregunta, el Griu va contestar:

—Demana-ho a la Falsa Tortuga!

I la Tortuga li va respondre:

—Demana-ho al Senyor Jutge!

Al Tribunal se celebrava un judici. El Rei i la Reina discutien si la Sota de Cors era culpable o no, i acusaven la pobra d'haver-se menjat uns pastissos que la Reina havia fet.

La Reina de Cors va fer uns quants pastissos,
A l'estiu, no recordem quin dia:
La Sota de Cors va endur-se els pastissos
A un lloc en la llunyania!

El Barreter Boig va prendre la paraula com a testimoni:

—He enxampat la Sota de Cors menjant-se els pastissos de la Reina!

—Que li tallin el cap! —ordenà la Reina.

In this Style 10/6
COMIC

—Això és completament absurd! —va cridar l'Alícia, indignada—. El Barreter és un mentider! No és just condemnar a mort una Sota només per una prova falsa!

I mentre cridava amb totes les seves forces, va començar a créixer, i créixer...

—Que li tallin el cap! —ordenà la Reina, espantada en veure que la nena es convertia en una geganta.

Totes les cartes del joc, que eren la guàrdia reial, varen tirar-se al damunt de l'Alícia.

—Prou! —va cridar l'Alícia.

Les cartes xocaven sobre la cara de la nena.

l'Alícia provava d'esquivar-les quan de cop i volta va veure el Conill Blanc que passava per davant seu corrent. Va voler seguir-lo, però, encegada per la pluja de cartes, va haver de renunciar-hi.

—Mai no podré tornar a casa! —es lamentà.

—Desperta't, Alícia! Per què et bellugues tant? Au, deus haver tingut un malson!

l'Alícia va reconèixer la veu de la seva germana i obrí els ulls. Les fulles de l'arbre li queien al damunt com ho havien fet les cartes...

—Anem, Alícia, que és hora de berenar! —va dir-li la germana.

I totes dues tornaren a casa.

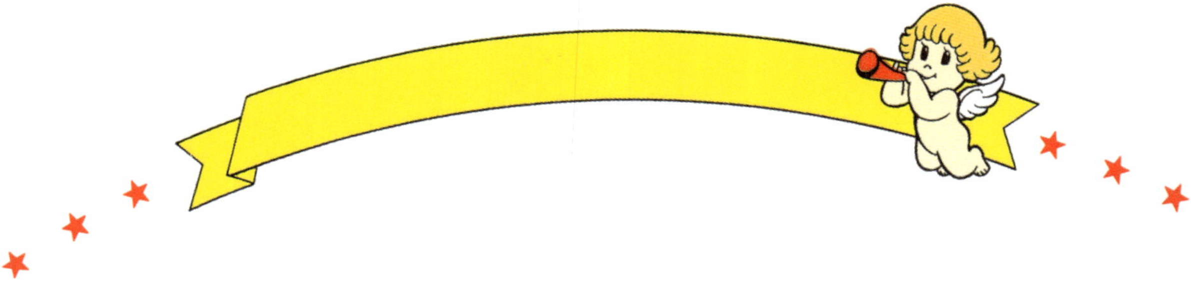

Alícia al país de les meravelles

La història d'*Alícia al país de les meravelles* se li va acudir al seu autor, el matemàtic anglès Lewis Carroll, una tarda d'estiu en què va sortir a passejar amb barca per Oxford amb tres germanetes amigues seves. Una es deia Alícia, i és la que imagina com a heroïna del seu conte.

Sindbad
el mariner

Sindbad el mariner

(Conte de «Les mil i una nits«)

Hi havia una vegada a la ciutat de Bagdad un noi que es deia Sindbad. Tot i que havia heretat una fortuna immensa del seu pare, en Sindbad s'ho havia gastat tot.

Quan va adonar-se que estava arruïnat, va vendre les terres i la casa. Amb els diners que li varen donar, va comprar moltes mercaderies i va embarcar-se a Basrà per provar sort de comerciant a l'estranger.

Varen navegar molts dies i moltes nits sense parar, fins que el vaixell va ancorar en una petita illa. Els passatgers que hi anaven ja tenien ganes de posar els peus a terra.

Era una illa molt bonica, amb moltes flors i ocells. De seguida varen baixar a terra i prepararen un foc per cuinar.

De cop i volta, la terra va tremolar.

—És un terratrèmol! —va exclamar algú.

L'illa va elevar-se com una muntanya i les ones rugien al voltant.

—Ajudeu-nos! Auxili! —cridaven els passatgers mentre es llançaven al vaixell, espantats, i alguns queien al mar en comptes de caure a l'embarcació.

L'illa no era cap illa, sinó una balena gegantina. Feia tant de temps que flotava allà, que les plantes li havien crescut al llom.

La balena havia notat l'escalfor del foc que havien encès els mariners i només mirava d'apagar-lo.

El capità del vaixell va tenir por de l'animal i salpà immediatament, i el remolí que va fer la balena en moure's va empassar-se els passatgers que havien caigut al mar.

En Sindbad va tenir la sort de trobar-se una bóta, i va agafar-s'hi amb totes les forces. L'únic que veia davant seu era l'immens mar i el fosc firmament.

I així va estar-se flotant tota la nit.

En fer-se de dia, en Sindbad es va trobar que surava a prop d'una altra illa.

«Al.là és amb mi!», va dir-se, i traient forces de no sabia on, va anar-hi nedant.

Quan va arribar a la platja, tenia tanta set que es va enfilar al tronc d'una palmera per agafar un coco. En baixar va veure a terra un ou enorme.

«De què deu ser aquest ou?», va preguntar-se.

En Sindbad va acostar-s'hi. En aquell precís moment el cel es va enfosquir.

Les ales d'un ocellot monstruós tapaven el sol i feien un soroll terrible. L'au va llançar-se en picat i s'aclofà damunt de l'ou.

«Caram! Aquest deu ser l'ocell de què he sentit parlar tant, el famós ruk!», va pensar en Sindbad.

El ruk va cobrir l'ou amb les ales i va estirar les potes enrere. Aleshores en Sindbad va tenir una idea.

Va acostar-se poc a poc a les potes de l'ocell, va desfer-se el turbant i es va lligar ben fort a una pota de l'ocell amb la roba.

«Ja estic a punt per volar —va pensar en Sindbad—. Quan el ruk es desperti, se m'endurà a un altre lloc.»

L'endemà, el ruk va posar-se dret i emprengué el vol amb un crit terrible. De seguida va enlairar-se fins molt amunt.

«L'he encertada —va pensar en Sindbad—. Deu estar buscant menjar. Potser em durà a una illa més gran on hi hagi gent.»

El ruk va sobrevolar l'oceà fins que veieren terra.

En Sindbad va veure lluny unes figures diminutes de persones, i va posar-se molt content.

El ruk va parar-se en una vall escarpada, i en Sindbad va deslligar-se a corre-cuita i s'amagà darrere una roca.

L'ocell va agafar un tros molt gros de carn i reprengué el vol amb el mateix crit terrible. Va allunyar-se volant amb la presa, i darrere seu aixecava una forta ventada amb les ales.

En Sindbad va fer un gran sospir d'alleujament i va mirar al seu voltant. Va sorprendre's en veure milers de pedres que brillaven escampades per terra.

—Caram, si són diamants! —va cridar en Sindbad.

Després d'omplir-se les butxaques amb aquelles pedres precioses, va adonar-se que era en una vall molt profunda.

—Ostres, no! —va exclamar en Sindbad—. I ara com sortiré d'aquí?

En aquell precís instant, una cosa molt pesant va caure al seu costat.

Era un tros de carn enorme. Sorprès, en Sindbad va veure que hi havia molts brillants clavats a la carn.

«Ara ho entenc! —va dir-se—. Tiren la carn perquè el ruk tregui els diamants d'aquí. Ja ho havia sentit explicar.»

De seguida va tornar a desfer el turbant i es va lligar el tros de carn a la cintura.

Poc després, el terrible crit del ruk va ressonar de nou a la vall. En Sindbad va trobar-se elevat de terra un altre cop, amb la carn a l'esquena.

El ruk va emprendre el vol cap al cim de l'espadat, i aleshores se sentí un gran terrabastall.

CLONC, CLONC! BANG, BANG!

L'ocell va espantar-se tant amb aquell rebombori, que va deixar caure la seva presa.

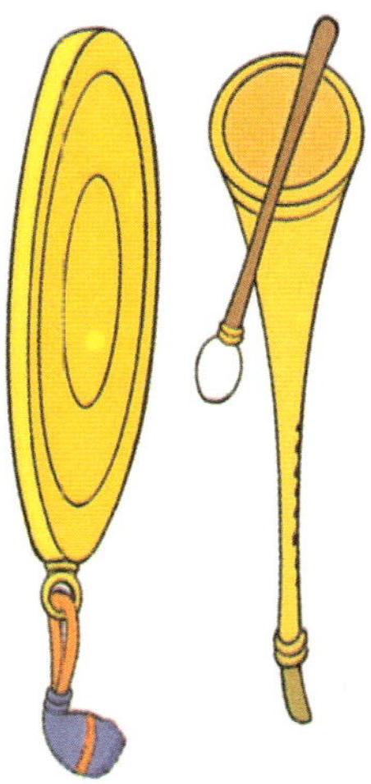

Els mercaders se sorprengueren de veure el noi que acompanyava el tros de carn.

En Sindbad va explicar-los la seva història des del principi i els va donar uns quants diamants dels que s'havia posat a les butxaques.

Els mercaders estaven contentíssims:

—Els diamants que es claven a la carn no són tan grossos com aquests! És fantàstic!

Després van dur en Sindbad a la seva tenda, li donaren menjar i l'acompanyaren al port.

Així, en Sindbad va tornar a casa sa i estalvi, amb els diamants com a únic capital, però va treballar molt fins aconseguir grans riqueses.

Sindbad el mariner

Originàriament, aquesta història passava de pares a fills als pobles àrabs, fins que en el segle VI va ser inclosa en el famós llibre *Les mil i una nits,* considerat una obra mestra de la literatura universal.

La bella

dorment

La bella dorment

de Charles Perrault

Fa molts anys vivien en un alegre país un rei i una reina que volien tenir un fill.

Tots els seus desigs es veieren acomplerts quan la reina va donar a llum una preciosa nena.

Per celebrar el naixement, varen acudir al palau set fades, i cada una va oferir un do la princesa. La més jove va concedir-li la bellesa; la següent, el seny; la tercera, gràcia en tots els seus actes; la quarta, talent per a la dansa; la cinquena, una bonica veu per al cant; la sisena, la virtut de tocar qualsevol instrument.

En el moment en què la setena fada anava a oferir el seu regal, va presentar-se a la sala del palau una vella fada a qui el rei i la reina s'havien descuidat de convidar.

Tan enfurismada estava per l'ofensa rebuda, que va pronunciar una terrible profecia: quan fes els setze anys, la princesa es punxaria el dit amb el fus de la filadora i moriria. L'eco de la terrible riallada amb què va acomiadar-se encara ressonava a les parets quan tots els presents es posaren a plorar.

Tímidament, la setena fada va acostar-se als reis i digué:

—Tingueu valor! Encara no hem dit la darrera paraula. No tinc poder per desfer del tot el malefici de la fada perversa, però puc canviar-lo: la vostra filla es punxarà el dit amb el fus de la filadora, però no morirà, sinó que caurà en un son profund durant molt, molt de temps, fins que la trobi un jove príncep, i aleshores es despertarà.

Immediatament, el rei va enviar a tots els seus soldats per tot el regne perquè fessin complir una ordre, amb la qual esperava que el malefici no es produís:

—Per ordre del rei seran cremades totes les filoses del país sota pena de presó!

Els vassalls, obedients, varen lliurar totes les filadores amb què fabricaven les teles, i poc després no es podia trobar ni el fus més petit en tot el regne.

Varen passar quinze anys. La princesa va créixer amb totes les gràcies que les fades li havien concedit. Ningú no es recordava ja del terrible malefici.

...I va arribar el dia que feia setze anys. La princesa estava jugant amb el seu gos, i se li va escapar corrent fins a la torre del castell. La princesa va seguir-lo i, quan ja l'anava a agafar, va sentir un soroll estrany. Va pujar les escales i es va trobar una senyora vella al costat d'un objecte que li va resultar desconegut.

La princesa, encuriosida, va preguntar-li:

—Bona dona, podeu dir-me què feu amb aquesta roda?

—Filo, joveneta. Que vols que te n'ensenyi?

—I tant! Segur que serà molt divertit!

La princesa va seure i així fou com va acomplir-se la profecia. Només tocar el fus, la princesa va punxar-se i, amb un crit de dolor, va caure a terra.

La vella era de fet la fada disfressada.

Al capvespre, varen buscar la princesa perquè baixés a celebrar el seu aniversari, i el rei va trobar-la sense sentits. Va cridar tant, que la fada més jove hi anà de seguida:

—No us amoïneu, majestat. La princesa dormirà molts anys, però no estarà sola quan es desperti: us adormiré a vós i a tota la cort.

La fada va sobrevolar amb la vareta totes les estances del castell, que va anar quedant-se en silenci.

A partir d'aleshores, al castell no es movia res, excepte les plantes, que, en veure's lliures de les mans dels jardiners, varen ocupar totes les sales i construïren al voltant del castell un mur inexpugnable dintre del qual deien que vivia un terrible drac.

Una dia, un jove príncep passava per la regió, i va preguntar pel castell a un vianant.

—Quan jo era petit, el pare va explicar-me que el seu avi li havia explicat que a dintre del castell dorm una princesa encantada.

El príncep, que era valent, va quedar impressionat per aquestes paraules i s'encaminà al castell.

Però la tasca no era fàcil. Tal com tallava les branques amb la seva espasa, la brolla creixia encara més forta que abans.

—Mai no havia vist unes plantes com aquestes! —va queixar-se el príncep.

A l'instant aparegué una de les fades i li va oferir una espasa enorme que tenia una creu gravada a l'empunyadura.

Amb l'ajut d'aquesta espasa màgica, el príncep va aconseguir obrir-se pas entre la brolla i arribar al castell. Allà el va rebre un drac terrible, que li va escopir una flamarada amb la boca.

El príncep va tallar el camí de les flames amb l'espasa i, quan la varen tocar, les flames tornaren enrere com un llamp.

El drac va quedar encegat per la resplendor, i el príncep va aprofitar-ho per tirar l'espasa màgica contra el coll de la bèstia, que es regirà desesperada abans de convertir-se en el que era de debò, la fada dolenta, i caure morta.

Només caure a terra, el cos de la fada va esvanir-se i la brolla que envoltava el castell desaparegué a l'instant, i va deixar al descobert un bonic jardí que havia embellit en els seus temps el castell, banyat pels raigs del sol. El refilet dels ocells va anunciar una nova primavera després de centenars d'anys.

La fada va aparèixer davant del bocabadat príncep:

—T'estàvem esperant. Au, cuita a despertar la princesa!

El príncep va encaminar-se a l'interior castell i passà pel costat dels guardians i la resta de cortesans profundament adormits. Per fi va arribar en una sala on va trobar a la noia més bonica que havien vist els seus ulls.

Va agafar-li la mà immòbil i li besà les parpelles closes.

Un instant havia estat prou per despertar-la d'un son de segles.

El castell sencer cobrà vida en aquell precís instant.

El rei oferí una brillant recepció al príncep. Després de donar-li les gràcies de mil maneres, va afegir:

—Demana'm el que vulguis i a l'instant ho tindràs.

—No puc pensar res que em faci més feliç que la mà de la vostra filla —va respondre el príncep.

Tots els habitants del regne celebraren el matrimoni dels dos joves i no hi podien faltar les set fades, que varen estar d'acord que el millor do que podien oferir a la parella era que aviat rebessin un formós fill.

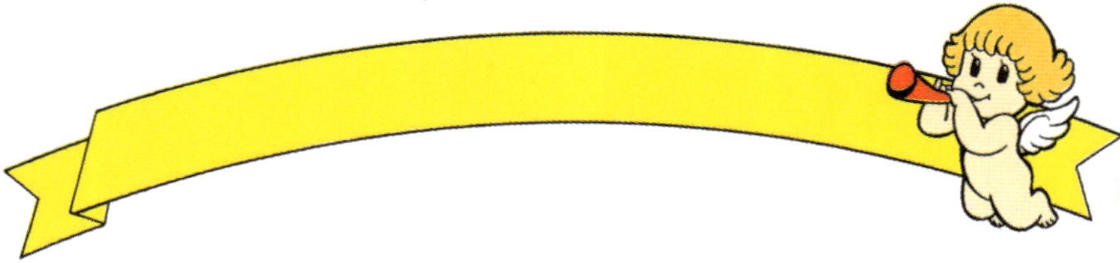

La bella dorment

El conte de *La bella dorment* pertany a la tradició europea, i fou recollit i popularitzat per Charles Perrault en els seus *Contes d'antany,* publicat el 1697.

Alí Babà
i els quaranta lladres

Alí Babà i els quaranta lladres

(Conte de «Les mil i una nits»)

Hi havia una vegada dos germans, en Cassim i l'Alí Babà, que vivien en un poble de Pèrsia. En Cassim el gran, era ric i molt egoista.

L'Alí Babà, però, era pobre i vivia de recollir llenya al bosc i vendre-la al poble. Quan l'Alí Babà necessitava ajut, en Cassim no li deixava diners ni tampoc no li donava menjar.

Un dia, l'Alí Babà estava recollint llenya quan va sentir soroll de cavalls. Lluny va veure un núvol de pols que aixecaven els cavalls, i després els homes que els muntaven.

«Deuen ser lladres —va pensar l'Alí Babà—. Si em veuen, de segur que em mataran.»

Aleshores va enfilar-se en un arbre i va aguantar la respiració. Els lladres varen aturar-se a prop de l'arbre i començaren a descarregar sacs plens de tresors robats.

L'Alí Babà va comptar els lladres: n'hi havia quaranta.

El cap dels lladres va plantar-se davant d'una roca enorme i va cridar:

—Obre't, sèsam!

BRRRROUMMMMM! I la muntanya va obrir-se.

—Fiqueu-ho tot a la cova! —va ordenar el cap.

Quan els lladres hagueren posat tots els sacs a l'interior de la cova, el cap va exclamar:

—Tanca't, sèsam!

La roca va tancar la cova secreta, i els lladres s'allunyaren al galop.

L'Alí Babà va pensar que les paraules màgiques també li servirien a ell, o sigui que va baixar de l'arbre i es plantà davant de la muntanya.

Va exclamar:

—Obre't, sèsam!

Immediatament la cova va tornar a obrir-se.

Va entrar poc a poc i va trobar munts i munts de joies i monedes brillants pertot arreu.

«Jo sóc molt pobre —va pensar l'Alí—, i tots aquests tresors són robats. No els farà res que me n'endugui una petita part.»

Quan va tornar a casa, va ensenyar a la seva muller el sac que havia omplert a la cova, i li va dir:

—Ja no serem pobres mai més.

Hi havia tantes monedes per comptar, que l'Alí Babà va dir-li a la muller que anés a demanar una gerra a la dona d'en Cassim. La dona d'en Cassim va untar el fons de la gerra d'oli perquè s'hi enganxés el que l'Alí i la seva dona hi tiressin.

Quan varen tornar-li la gerra l'endemà, al fons hi havia una moneda d'or.

La muller de Cassim va exclamar:

—Senyor! Una moneda d'or! En quin embolic es deu haver ficat l'Alí Babà?

I va anar a explicar-ho al seu marit.

—D'on deu haver tret una moneda d'or el meu germà? —va preguntar-se en Cassim.

Aleshores va anar a veure l'Alí Babà i va preguntar-li:

—Digues, Alí, on has robat aquestes monedes?

El bon Alí Babà va explicar-li tota la història. Aleshores en Cassim va agafar vint ases i se'n va anar a recollir els tresors dels lladres. Quan va arribar a la muntanya, va exclamar:

—Obre't, sèsam!

La porta va obrir-se, en Cassim va entrar-hi corrents i començà a carregar els ases. Però quan va voler sortir de la cova, la porta era tancada. Aleshores va exclamar:

—Obre't, blat!, Obre't, ordi! Obre't, arròs!...— Però la porta no s'obria.

Quan ja es donava per vençut, la porta va obrir-se de sobte. En Cassim va fer un sospir d'alleujament.

Però en sortir de la cova va trobar-se els quaranta lladres de cara. El cap havia obert la porta des de fora.

—Ets un lladre! —va cridar el cap—. Et mataré!

I, sense vacil.lar ni un instant, va esquarterar en Cassim amb el sabre.

L'Alí Babà, que volia que el seu germà estigués sencer per al funeral, va contractar el sabater del poble perquè en cosís els bocins, i va pagar-li amb monedes d'or que havia tret de la cova.

Mentrestant, els lladres varen fer una assemblea. Varen arribar a la conclusió que algú altre devia conèixer les paraules màgiques que obrien la roca.

—Trobeu-lo i mateu-lo! —va ordenar el cap.

Tots els lladres varen recórrer el poble preguntant als mercaders:

—Sabeu d'algú que s'hagi fet ric de la nit al dia?

El sabater va contestar:

—Jo!

—I com pot un vell com tu fer-se ric de cop i volta? —va preguntar un lladre.

—Ep, més respecte per la gent gran! —va respondre el sabater—. Fa poc m'han pagat molt bé per cosir el cos d'un home a qui havien

esquarterat

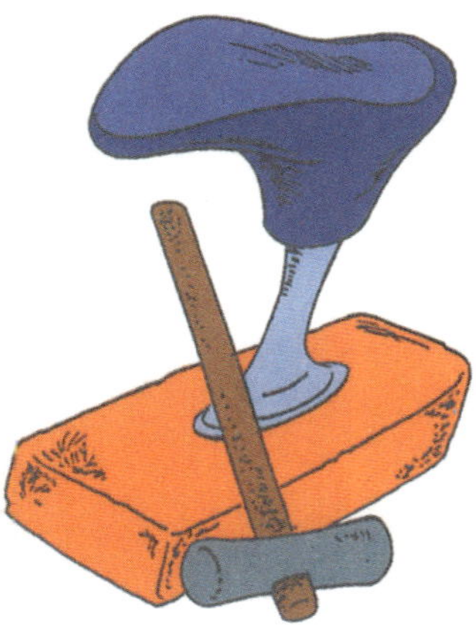

El sabater va dur el lladre a la casa de l'Alí Babà a canvi de dues monedes d'or més.

—El qui em va pagar per cosir el seu germà viu aquí —va explicar-li—. Es diu Alí Babà.

Aleshores el lladre va pintar una creu de guix a la porta de la casa.

La minyona de l'Alí Babà, la Morgiana, va veure-ho i va marcar totes les portes del barri amb una creu igual; així, quan els lladres varen tornar per matar l'Alí Babà, no podien distingir la seva casa de les dels altres.

El cap dels lladres va enfurismar-se i va matar el lladre que havia parlat amb el sabater.

—Ja el trobaré jo mateix! —digué, i va obligar el sabater a revelar-li on vivia l'Alí Babà.

Va ficar els seus lladres dintre de dolls d'oli, va carregar els dolls en ases i ell va disfressar-se de comerciant d'oli. Després va encaminar-se a casa de l'Alí Babà.

—Alí Babà, necessito el teu ajut —va suplicar el cap—. No tinc on passar la nit.

—Aquí ets benvingut —va respondre l'Alí Babà, que no havia reconegut el cap dels lladres.

Mentre l'Alí Babà sopava amb el seu hoste, la Morgiana va anar a buscar oli i va sentir un dels lladres que preguntava:

—Cap, que ja podem sortir?

—Encara no —va respondre la Morgiana dissimulant la veu.

Com que havia descobert el secret, la Morgiana va traçar un pla. Va bullir oli i va tirar-lo als dolls on hi havia els lladres amagats.

—Aaaaaaiiiii! —cridaven els lladres abans de desmaiar-se del dolor.

Després la minyona va vestir-se de ballarina i anà cap a la sala.

Allà la Morgiana va cantar i va ballar per al lladre, i va fer servir tots els seus encisos per conquerir-lo i, en el moment oportú, apunyalar-lo amb una daga que duia amagada.

Després la fidel minyona va explicar la història al seu amo.

—Gràcies! —va dir-li l'Alí Babà—. M'has salvat la vida. A partir d'avui, seràs per a mi com la meva pròpia filla.

L'Alí Babà va repartir el tresor dels lladres entre els pobres de la ciutat, i tots varen estar molt contents. I des d'aleshores, l'Alí Babà i la seva família varen viure feliços per sempre més.

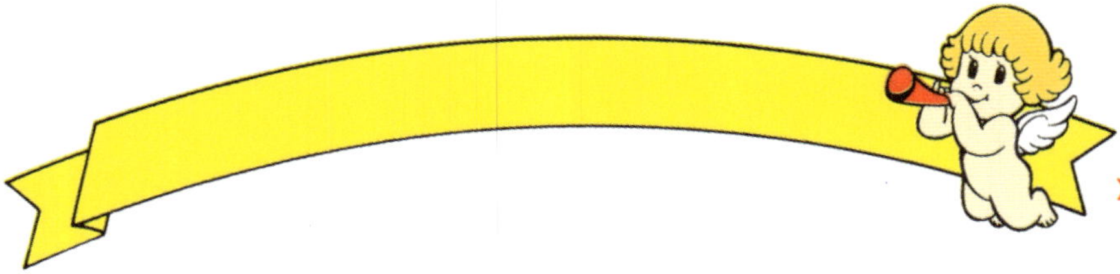

Alí Babà i els quaranta lladres

Aquest conte és el més popular dels que va explicar Sheherezade en *Les mil i una nits*, un llibre clàssic de la literatura universal que data del segle VI.

El llop
i les set cabretes

El llop i les set cabretes

de Jacob i Wilhelm Grimm

Hi havia una vegada una cabra que vivia amb les seves set cabretes. Un bon matí va dir-los:

—Cabretes meves, he d'anar al bosc a buscar menjar. No obriu la porta a ningú, perquè si vingués el llop i pogués entrar, se us menjaria. El coneixereu per la veuota i per les potes negres.

—No t'amoïnis, mare. Et prometem que no obrirem la porta a ningú —varen contestar les cabretes.

Amagat darrere unes mates, el llop ho havia sentit tot. Així que va veure que la mare s'allunyava, ell va acostar-se a la casa i va trucar a la porta.

—Fills meus, fillets meus, sóc la mama! Obriu-me la porta!

—La mare no té una veu tan ronca com la teva! —varen contestar les cabretes—. Ets ell llop i no t'obrirem!

Aleshores el llop va anar-se'n al galliner i allà va menjar-se totes les clares d'ou que va poder per suavitzar-se la gola. Després va anar a la casa de les cabretes i va tornar a trucar a la porta.

—Fills meus, fillets meus, sóc la mama! Obriu-me la porta!

Però la cabreta més gran va veure les urpes negres del llop per sota de la porta i va cridar:

—La nostra mare no té les potes negres! Tu ets el llop i no t'obrirem mai!

Aleshores, el llop, enfurismat, va anar-se'n a comprar farina i va omplir-se'n les potes fins que se li varen quedar blanques. Per tercera vegada, va tornar a trucar a la porta de les cabretes.

—Fills meus, fillets meus, sóc la mama! Obriu-me la porta!

—Ensenya'ns les potes perquè veiem que són blanques com les de la mare! —varen contestar les cabretes.

El llop ja es llepava de gust, i va passar la punta de les potes blanques per sota de la porta.

—Ara sí que és la mare! —varen cridar les cabretes i, refiades, varen obrir la porta.

—Grrrr!

D'un salt, el llop va entrar a la casa.

—Auxili! —varen cridar les cabretes, espantades, mentre buscaven un lloc per amagar-se.

Una es va ficar sota la taula, una altra sota el llit, la tercera a l'estufa, la quarta a la cuina, la cinquena al cistell de la roba bruta, la sisena al rebost i la més petita dintre del rellotge de paret.

Però no va servir de res, perquè el llop va anar trobant-les i se les menjà d'una en una. A totes..., excepte a la més petitona, que s'havia amagat dintre del rellotge.

—Mmmmm! Sento olor de carn tendra! —va rebufar el llop en passar a prop de la cabreta.

La cabreta va començar a tremolar en el precís instant en què el rellotge començava a tocar les campanades. Una... Dues... Tres.

—Em sembla que ja és hora que faci una becaina! —va dir el llop—. A més, ja no tinc gana!

I va allunyar-se de la casa.

Al cap de poc, va tornar la mare de les cabretes i va descobrir el trist espectacle: la porta de la casa era oberta de bat a bat, els mobles i els estris per terra, els plats esmicolats, i els llits desfets.

I les cabretes..., no se'n veia ni rastre.

—Què els deu haver passat a les meves cabretes? —es queixava la pobra mare.

La mare cabra va començar a cridar les cabretes, però cap d'elles no contestava. En dir el nom de la més petita, una veueta espantada li va respondre des del rellotge:

—Sóc aquí, mare!

I, d'un salt, va córrer a refugiar-se en els braços de la mare.

—Quina por que he passat, mare! —va plorar el petit.

I va explicar-li el que havia passat.

Sense perdre el temps, la mare cabra i la cabreta petita varen sortir a buscar el llop, a qui varen trobar en un prat proper. La panxota inflada no parava de bellugar-se-li.

«Les meves cabretes estan vives!», va pensar la mare cabra. I va enviar la cabreta petita a buscar tisores, fil i agulla.

Amb les tisores, la mare cabra va obrir la panxa del llop i les sis cabretes varen anar sortint d'una en una, sanes i estàlvies. El llop havia anat tan de pressa a menjar-se-les, que se les havia empassat senceres.

Les cabretes varen estar molt contentes de tornar a veure la seva mare.

—Perdona'ns, mare! No havíem d'obrir la porta! —varen dir les cabretes amb llàgrimes als ulls.

—Espero que us hagi servit de lliçó! —va dir-los la mare—. I ara porteu-me tots els rocs que trobeu!

Aprofitant el profund son del llop, la mare de les cabretes va omplir-li la panxa de rocs i a continuació va cosir-lo amb fil i agulla.

En acabat, va amagar-se darrere d'un arbre amb les cabretes.

Al cap de poc, el llop va despertar-se amb molta set. Va aixecar-se i va fer unes passes en direcció al riu. Però se sentia molt pesant.

«Per què em deu pesar tant la panxa? Potser he menjat massa...», va pensar.

Amb gran dificultat, el llop va arribar per fi a la vora del riu, però en inclinar-se sobre l'aigua, el pes de les pedres va fer-lo caure endavant.

—Auxili! Auxili! —va cridar.

Però no va poder aguantar-se i es va ofegar.

—El llop s'ha ofegat! El llop s'ha ofegat! —cantaven les set cabretes mentre ballaven d'alegria al prat—. La nostra mare ha estat més llesta que el llop!

I des d'aleshores varen viure sempre felices la mare i les set cabretes.

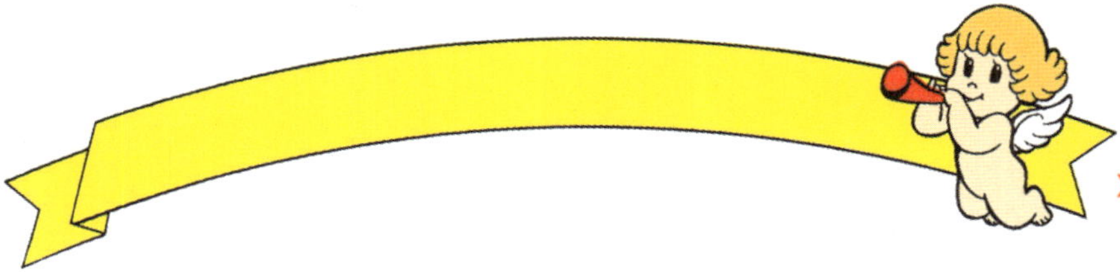

El llop i les set cabretes

Els famosos germans Grimm estaven molt interessats en les tradicions populars alemanyes. Per això, varen recórrer Alemanya recollint material folklòric, que varen recopilar en els seus *Contes infantils*, publicats entre 1812 i 1822.

INDEX